디

테

일

의

발

견

디테일의 발견

초판 1쇄 발행 2023년 2월 15일
초판 4쇄 발행 2023년 7월 27일

지은이 생각노트
펴낸이 이승현

출판2 본부장 박태근
MD독자 팀장 최연진
편집 방호준
디자인 윤정아

펴낸곳 ㈜위즈덤하우스   **출판등록** 2000년 5월 23일 제13-1071호
주소 서울특별시 마포구 양화로 19 합정오피스빌딩 17층
전화 02) 2179-5600   **홈페이지** www.wisdomhouse.co.kr

ⓒ 생각노트, 2023

ISBN 979-11-6812-584-1 03320

디테일의 발견

고객을 사로잡은 101가지 힌 곳

생각노트 지음

공간, 제품, 서비스의 차별화를 만든
사소한 차이에 관한 관찰 기록

위즈덤하우스

손가락을 사로잡는
'작은 돌기'의 힘

키보드의 F 버튼과 J 버튼을 자세히 보면 작은 돌기를 발견할 수 있습니다. 보일까 말까 한 작디작은 돌기지만, 우리는 사실 이 돌기에게 큰 도움을 받고 있습니다. 양손 검지가 키보드 위에서 기본자세를 유지하도록 할 뿐만 아니라 키보드를 보지 않고도 돌기를 통해 자판의 전체적인 위치를 가늠하여 정확한 타이핑이 가능하도록 합니다.

《디테일의 발견》의 101가지 디테일은 이 '작은 돌기'와 많이 닮아 있습니다. 사소하고 잘 보이지 않지만 나름의 큰 역할을 하고 있죠. 작은 돌기가 키보드 위 손가락을 잡아당기는 것처럼, 작은 디테일도 고객의 마음을 잡아당길 수 있다고 생각합니다. 그래서 제가 일상 속에서 발견한 '작은 돌기' 이야기를 여러분에게 소개하고 싶었습니다.

제가 발견한 디테일을 살펴보면 결코 어렵게 만들어지지 않았습니다. 고객을 세심하게 관찰하고 고객의 불편에 집중하며 고객의 마음을 읽은 뒤 당연함을 살짝 비틀었을 때, 고객을 사로잡는 디테일이 탄생했습니다. 제가 기획할 때 늘 떠올리는 두 이야기도 비슷합니다.

버진 그룹이 운영하는 '버진 호텔'은 문을 연 지 1년 만에 유명 여행 잡지 구독자가 선정한 미국 최고 호텔에 올랐습니다. 그 비결은 의외로 간단했는데요. 바로 투숙객이 호텔의 미니바를 시중 가격으로 이용할 수 있는 정책을 도입했기 때문입니다. 일반적인 호텔 미니바는 가격이 비싼 편이라 투숙객이 이용하기 어려웠는데요. 버진 호텔은 '방문자의 지갑을 비우지 않겠다'라는 모토로 미니바 가격을 시중 가격과 동일하게 맞췄고, 그 덕분에 투숙객은 미니바를 근처 마트 가격으로 편리하게 이용할 수 있게 됐습니다. 미니바 가격을 시중 가격으로 책정하는 간단한 생각의 전환이 고객을 사로잡은 것이죠.

캐나다에 위치한 스타라이트 어린이 재단과 여러 패션 디자이너도 생각의 전환을 보여줬습니다. 그들은 '왜 환자복은 다 똑같아야 할까?'라고 생각했죠. 특히 청소년기는 자신의 정체성을 만들어가는 중요한 시기인데요. 개성을 드러내기 힘든 환자복이 10대 환자의 정서에 좋지 않다고 생각했죠. 그래서 이들은 10대 취향에 맞는 디자인과 문양으로 환자복을 특별 제작했고, 그 결과 10대 환자들은 개성에 맞게 환자복을 골라 입을 수 있게 됐습니다. 실제로 이 환자복을 입은 한 10대 환자는 "이 가운은 병원 밖에서도, 아픈 곳에서도 지금의 내가 될 수 있게 해줘요"라고 말했죠. '왜 환자복은 다 똑같아야 할까?'라는 간단한 질문이 어린이 환자에게 디테일이 된 것입니다.

이처럼 기존의 생각을 고객 지향으로 살짝만 비틀면 누구나 디테일을 챙길 수 있습니다. 디테일을 어려워하지 말고 나의 업에서 그리고 나의 고객을 위하여 조금씩 비틀어서 생각해보는 건 어떨까요. 저도 그러기 위해 노력하고 있고, 이 책이 그 노력의 기록이기도 합니다.

제가 기록한 디테일을 가능하면 이미지와 함께 소개해서 제가 느낀 신선함과 놀라움, 기쁨을 전하도록 애써보았는데요. 사진이 없더라도 소개하고 싶은 사례가 일부 있었습니다. 실물이 궁금하시다면 쉽게 찾아볼 수 있도록 서비스와 공간, 제품명으로 소개했습니다.

책을 쓰면서 걱정되는 부분도 있었습니다. 제가 디테일로 느끼고 해석한 사례가 어떤 독자에게는 다르게 느껴질 수도 있겠다는 점이었는데요. 최대한 보편적으로 느낄 수 있는 디테일 사례를 담기 위해 고심에 고심을 거듭했지만, 고객 입장에서 느낀 바를 기록한 기획자의 주관적인 기록물이라고 너그럽게 여겨주시면 감사하겠습니다.

2023년 2월

생각노트 드림

차례

"닳고 닳은 길에도 언제나

뒤집어보지 않은 돌들이 있는 법이다.

그 돌들을 주목하고 뒤집어보는 수고를 한 사람에게

새로운 길이 열리는 법이지."

찰스 타운스 (노벨 물리학상 수상자)

티슈 대신
손수건을 주는 카페

코로나 백신 부스터 샷을 맞고 하루 쉬는 날. 평일에 쉬는 일은 드물기에 컨디션이 조금은 안 좋더라도 좋은 카페에 가서 시간을 보내고 싶었습니다. 그래서 네이버 지도를 켜서 그동안 찜해둔 카페를 둘러봤죠. 그중 집중하기 좋은 조용한 동네 카페를 찾았습니다.

카페에 도착해 주차를 한 뒤 한가운데 놓인 넓은 테이블에 자리를 잡았습니다. 저의 취향을 저격하는 음악이 흘러나왔고 한적한 동네 카페라 손님 수도 적당해서 집중하기에 그만이었죠. 갑자기 단음료가 당겨 주문한 흑임자크림라테도 일품이었습니다. 그렇게 시간을 보내다 음료를 탁자 위에 흘려서 티슈를 찾으려고 계산대로 간 순간 1가지 사실을 알게 되었습니다. 이 카페는 환경 보호를 위해 티슈 대신 '손수건'을 건네준다는 것을 말이죠.

생각해보면 카페에서 티슈를 무의식적으로 많이 집곤 했습니다. 그리고 쓰지도 않았지만 다 먹은 음료를 정리하면서 그냥 버리게 되는 경우도 많다는 걸 그제서야 떠올렸습니다. 그래서 언제부터인가 안 쓴 티슈가 아까워 집으로 가지고 왔고 어느새 수많은 카페의 티슈가 집 안에 쌓이는 불상사가 발생하기도 했습니다.

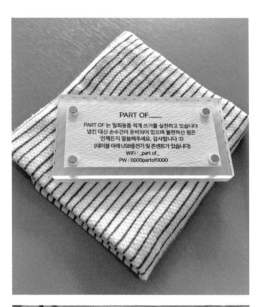

이 카페는 티슈를 손수건으로 대체할 뿐 아니라, 화장실에서도 핸드 페이퍼 대신 수건을 사용합니다. 매장 안에서 음료를 마시면 머그잔이나 유리컵에 담아주고, 테이크아웃을 할 때 텀블러를 사용하면 음료 가격을 할인해줍니다. 이 카페에서 음료를 마시고 나면 버리는 '일회용품'이 거의 없습니다. 이른바 '제로 웨이스트 카페'인 것입니다.

카페 입장에서 티슈 대신 손수건을 건네주는 것은 꽤나 귀찮은 일입니다. 버리면 그만인 티슈 대신 세탁하고 건조해야 하는 손수건을 사용하면 그렇지 않아도 바쁜 카페 일에 번거로운 업무가 더해지죠. 그렇기 때문에 환경 보호에 관심이 있는 저 같은 고객에게는 티슈 대신 손수건을 제안한다는 사실 하나만으로 이 카페가 '친환경 카페'로 인식됩니다. 이왕 온다면 이런 원칙을 가지고 있는 카페에 올 것입니다.

쉽게 쓰고 쉽게 버리는 일회용품을 대체할 방법을 진지하게 고민해야 합니다. 그리고 분명 그런 노력을 고객이 눈치챌 것이라 확신합니다. 이 카페의 후기를 보면 대부분 고객이 티슈 대신 손수건을 주는 서비스에 호감을 표시하고 있었습니다. '지구를 사랑하는 카페'라는 별명까지 붙여주는 고객도 있었습니다. 환경 보호에 관한 철학을 고객에게 충분히 브랜딩할 수 있는 포인트가 아닐까 싶습니다. 앞으로 티슈 대신 손수건을 건네주는 카페가 '의외라서' 놀라지 않기를 바라봅니다.

크기에 민감한
고객을 위한 배려

큰 알약을 잘 삼키지 못하는 편입니다. 얼마나 못 삼키냐 하면, 알약을 삼키다가 식도를 다쳐 병원 신세를 진 적이 몇 번 있을 정도입니다. 의사 선생님은 저에게 '아기 식도'라는 별명을 붙여주고 큰 알약은 가급적 먹지 않도록 권고했습니다.

그래서 영양제를 구입할 때 알약 크기가 어느 정도일지 몰라서 늘 망설였습니다. 구매 전에는 크기를 알지 못하니, 구매하고 나서 걱정 어린 마음으로 뚜껑을 열어봅니다. 알약 크기가 적당하면 안도의 한숨이, 알약 크기가 너무 크면 '이거 어쩌지' 하는 탄식이 절로 나옵니다.

이런 저의 마음을 알아채고 달래주는 브랜드가 있었습니다. 바로 영양제 브랜드 '나우푸드'입니다. 나우푸드는 영양제 약통에 실제 알약 크기를 그림으로 표시해두고 있습니다. 영양제를 구매하기 전에 알약 크기를 소비자가 미리 가늠할 수 있도록 한 것입니다. 그래서 저는 나우푸드의 영양제만 구입하고 있습니다. 작은 디테일 하나가 제 영양제 브랜드를 정해준 것입니다. 분명 이 아이디어는 영양제를 먹는 고객을 유심히 살펴보고 알약 크기에 민감한 고객을 위해 고민

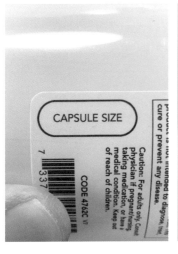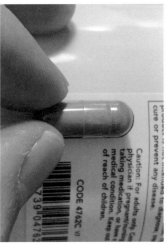

한 과정 끝에서 나왔을 것입니다. 그리고 이런 디테일에 '아기 식도'를 가진 저는 깊은 감동을 받아서 이 브랜드를 제 최애 영양제 브랜드로 삼았습니다.

이 사례처럼 포장지를 세심하게 다루는 브랜드들이 있습니다. 상처에 붙이는 밴드를 만드는 브랜드입니다. 몇몇 브랜드는 밴드 케이스에 실제 밴드 사이즈를 표시하고 있죠. 어느 정도의 크기인지 케이스만으로 가늠하여 상처 크기에 적합한지 아닌지 알 수 있도록 하는 것입니다.

알약과 밴드는 모양과 크기가 소비자에게 중요하다는 공통점이 있는 제품이죠. 개봉해야 사이즈를 알 수 있는 제품에는 모두 적용해볼 수 있는 디테일이라고 생각합니다.

카페가 카일족과 카공족을 '팬'으로 만드는 법

남겨둔 일이 있거나 글을 써야 할 때 또는 생각 정리가 필요할 때면 노트북과 다이어리를 챙겨 카페로 향합니다. 낯선 환경이 선사하는 새로운 집중력을 만끽하기도 하고 다양한 것을 관찰하며 아이디어와 영감을 얻기도 합니다. 카페까지 왔으니 어떻게든 결과물을 만들어야 한다는 '셀프 압박'이 느슨해지는 마음을 조여주기도 하고요.

'안 가본 카페를 가봐야겠다, 기분 전환 겸 드라이브도 하고.'

그날도 집에서 글 쓰는 것이 살짝 답답해져 교외 카페로 향했습니다. 경기도 광주시에 위치한 '오라운트'였습니다. 2층으로 구성되어 있지만, 한 층이 무척이나 넓어 시원한 느낌이 속을 뻥 뚫어주는 카페였죠.

카페에 도착한 뒤 자리를 둘러보며 집중이 잘 될 것 같은 곳을 찾아보던 찰나, 카페 벽에 붙어 있던 포스터 하나가 눈에 들어왔습니다. 바로 'ORA WORK MEMBERSHIP' 포스터였습니다. 이 카페는 카페에서 일 또는 공부를 하는 고객을 대상으로 멤버십을 운영하고 있었습니다. 멤버십에 가입하면 다음과 같은 혜택을 누릴 수 있습니다.

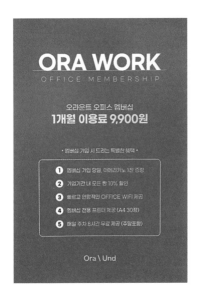

- 가입 당일 아메리카노 1잔 증정
- 모든 빵 10% 할인
- 오피스 와이파이와 프린터 이용 가능
- 주말을 포함해 매일 주차 8시간 무료로 이용

카페 내 비교적 한산한 곳곳에는 스터디 카페에서 흔히 볼 수 있는 콘센트가 설치된 테이블이 마련되어 있어 자리 고민도 필요 없어 보였습니다.

카일족과 카공족을 기피하는 것이 아니라, 오히려 카페의 '팬'으로 만들어내는 비즈니스가 돋보였습니다. '오라운트 오피스 멤버십'이 린치핀 브랜드(Linchpin Brand)로써 자리 잡을 수 있지 않을까 하는 생각도 들었고요. 린치핀 브랜드란 직접적인 매출 기여도

는 적지만 주력 브랜드들의 바퀴가 제대로 굴러갈 수 있도록 고정핀 (Linchpin) 역할을 수행하는 브랜드를 의미하는데요. 힐튼 호텔의 힐튼 아너스나 스타벅스 커피의 e프리퀀시처럼 서비스를 자주 이용하는 고객들에게 특별한 혜택을 주는 고객충성도 프로그램(Reward Program)이 대표적인 사례입니다.

물론, 공간이 넓은 교외형 카페이고 자본력이 있기에 가능한 시도일 수 있습니다. 하지만 고객을 바라보는 관점에 따라 새로운 비즈니스가 일어날 수 있다는 점을 보여줬다는 생각도 들었습니다. 카페에서 오래 머무르는 고객을 부정적으로 바라보기보다는 '어떻게 카페의 팬으로 만들 수 있을지', '로열티를 가지고 더 자주 오게 할 수 있을지' 등의 고민을 실체가 있는 '상품'으로 만들었다는 점이 신선했습니다.

카페에서 오래 작업을 하거나, 일을 하거나, 공부하는 사람을 카페의 팬으로 만드는 노력을 해보는 것도 괜찮은 시도가 아닐까요. 서울의 진짜 장소를 알려주겠다는 포부로 시작한 서비스 '진짜 서울'은 다양한 테마로 장소를 추천해줍니다. 그중 늘 인기 있는 테마 지도가 바로 '노트북 들고 작업하러 가기 좋은 카페'입니다. 그 말인즉, 고객이 카페에 원하는 강력한 니즈 중 하나는 '작업 공간'이고, 이 니즈에 부응할 수 있는 카페는 경쟁력이 있지 않을까요.

쇼핑 부담을 줄여주는 디테일

제가 오프라인 쇼핑을 할 때 불편하다고 느끼는 점이 있습니다. 바로 '상품이 짐이 된다는 점'입니다. 온라인 쇼핑으로 물건을 사면 집 앞까지 배달이 됩니다. 들고 담고 옮길 필요가 없죠. 이에 반해 오프라인 매장에서 물건을 사려면 시작부터 끝까지 상품을 직접 싣고 옮겨야 합니다. 그래서 생수나 캔 박스와 같이 부피가 크고 무거운 것들은 살까 말까 갈등하게 됩니다.

여의도에 위치한 '더현대 서울'은 이런 고객의 마음을 정확하게 읽었습니다. 더현대 서울 지하 1층 슈퍼마켓 매대에는 생수 대신 생수 카드가 걸린 'BUY BIG'이라는 섹션이 한쪽 벽을 차지하고 있었죠. 이 카드를 들고 가서 계산을 마치면 계산대에서 상품을 받을 수 있습니다. 배달도 가능합니다. 굳이 무거운 상품을 직접 싣고 가서 배달을 부탁할 필요가 없는 것이죠.

고객 입장에서는 무거운 생수를 카트에 넣고 다니지 않아서 좋습니다. 카드 한 장만 카트에 담아두면 됩니다. 공간도 차지하지 않으니 다른 상품을 카트에 편하게 담을 수 있습니다.

판매자 입장에서는 어떨까요. 부피가 큰 상품을 매대에 진열할

필요가 없으니 매장 공간을 효율적으로 쓸 수 있습니다. 생수, 캔 박스가 차지하던 공간에 다른 상품을 진열할 수 있죠. 또한, 무거운 상품을 직원이 힘들게 미리 옮겨놓을 필요가 없습니다. 필요할 때만 필요한 만큼 옮기면 되죠. 생수를 '생수 카드'로, 캔 박스를 '캔 박스 카드'로 바꿔 진열한 디테일이 고객과 매장 모두에게 이득을 주고 있는 것입니다.

　　이 사례를 보며 또 어떤 것을 '카드'로 바꿔볼 수 있을까 상상해 봤습니다. 가장 먼저 떠올린 것은 '쌀'이었습니다. 대표적으로 '무거운' 상품이죠. 그래서인지 저는 오프라인 매장에서 쌀을 구매한 적이 한번도 없습니다. 쌀만큼은 반드시 온라인으로 주문했죠. 만약 '쌀 카드'가 있다면 오프라인에서도 쌀을 구매해볼 수 있지 않을까요. 이 디테일은 온라인에서 구매하기 편리했던 상품을 오프라인에서 구매해보는 '기회'를 제공할 수 있습니다. 오프라인 매장이 온라인 쇼핑에 이미 적응한 고객을 위해 '온라인처럼' 제공할 수 있는 디테일을 생각해보는 계기가 된 쇼핑 경험이었습니다.

이제 다이어리도
'디지털'입니다

동선에 교보문고가 있으면 꼭 들르는 편입니다. 책을 구경하는 것도 좋아하지만 '문구 덕후'인 제게 교보문고에 붙어 있는 핫트랙스는 볼거리 천국이기 때문입니다. 특히 '다음 해 다이어리로 무엇을 살까' 고민하는 찰나에는 핫트랙스 방문이 더욱 절실해집니다. 한 해를 함께할 '반려 문구'가 다이어리이기 때문이죠. 그렇게 연말을 앞둔 어느 날, 다이어리 구경을 하러 교보문고에 들어갔습니다. 새해를 맞이하는 시즌이라 서점 통로에는 다이어리 특별전이 진행 중이었습니다. 수많은 다이어리 중 저의 눈길을 사로잡은 신기한 다이어리가 있었습니다. 그것은 바로 '디지털 다이어리'였습니다.

Didi라는 브랜드는 아이패드나 갤럭시탭 등 태블릿 PC에서 사용할 수 있는 다이어리를 '디지털 파일'로 판매하고 있었습니다. 마음에 드는 템플릿을 골라 구매한 뒤, 박스 안에 들어 있는 링크와 시리얼 번호를 활용해 파일을 태블릿에 내려받아 사용 가능합니다. 디지털 시대에 선보인 색다른 판매 방식입니다.

저도 아이패드를 즐겨 사용하고 있습니다. 메모하기를 워낙 좋아해서 굿노트, 노터빌리티와 같은 노트 앱을 잘 사용하고 있습니

다. 그래서 새로운 템플릿은 없을까 늘 갈구합니다. 이런 니즈를 간파한 크리에이터와 브랜드는 템플릿을 자체 제작해 블로그나 트위터, 브랜드 SNS 등에서 무료 나눔을 하기도 합니다. 상품 경쟁력을 더 강화해 유료로 템플릿을 판매하는 크리에이터도 많죠. 디지털 문구 플랫폼 위버딩에는 수많은 크리에이터가 입점해 자신이 만든 디지털 다이어리 파일을 판매하고 있습니다.

뿐만 아니라, 일명 '다꾸(다이어리 꾸미기)'로 불리는 종이 다이어리 꾸미기가 디지털로 그대로 옮겨져 '디꾸(디지털 다이어리 꾸미기)'가 되기도 합니다. 디지털 다이어리를 꾸밀 수 있는 각종 디지털 스티커, 디지털 스탬프 등을 다이어리 판매 시 증정하거나 별도로 판매하고 있죠. 종이 다이어리로 하던 모든 것이 디지털 세대에 맞춰 디지털로 복제되고 있습니다.

디지털의 장점은 '실험 가능성'이기도 합니다. 손으로 만져지는 결과물로 생산할 필요 없이, 디지털 파일로 생산하고 온라인으로 판매하면 되니 다양한 실험이 가능합니다. 만들어보고 잘 팔리지 않아도 물성을 지닌 제품처럼 큰 손해는 아닐 수 있기 때문이죠. 그래서 종이 다이어리로는 보기 힘든 각양각색의 다이어리와 다이어리 꾸미기 파일이 등장하고 있습니다. 생산과 유통이 자유로워졌고, 그 덕분에 다양성을 지닌 시장이 된 것입니다.

요즘 카페에 가면 아이패드를 노트 삼아 공부하는 중고등학생, 대학생을 쉽게 발견할 수 있습니다. 이들에게 아이패드는 '종이 노트'와 동일합니다. 온라인에 있는 소스를 노트로 쉽게 가져올 수 있으니 더 풍성한 자료로 학습할 수 있기도 합니다. 새로운 세대에게는 새로운 제품이 필요한 것이 아닐까요. 이를 얼마나 빠르게 눈치 채고 쫓아가는지가 사업가의 감각이라는 생각도 들고요.

카드를 잃어버려도 결제 카드 변경이 두렵지 않은 이유

카드를 분실해서 재발급받으면 카드 번호가 바뀌는 것이 일반적입니다. 카드 번호가 바뀌면 번거로워지는 일이 바로 '정기 결제'입니다. 자동 결제를 등록해놓은 모든 서비스에 카드 번호를 일일이 변경해야 합니다. 저는 카드를 잃어버렸을 때 블로그 웹호스팅, 넷플릭스, 왓챠, 리디셀렉트, 신문 구독, 전기비, 보험비, 통신비, 네이버페이 결제 카드를 모두 수정해야 했습니다.

어쩌면 '당연한' 것일 수 있습니다. 카드를 재발급받았으니 '당연히' 카드 번호가 바뀌는 것이고 '당연히' 기존 카드 번호는 못 쓰게 되니 '당연히' 새 카드 번호로 결제를 변경해야 한다는 것을 말이죠. 하지만 이 당연한 것을 문제로 인식하고 해결한 서비스가 있습니다. 바로 현대카드의 '카드 번호 유지 재발급 서비스'입니다. 이 서비스를 신청해 카드를 재발급받는 경우, 기존 카드 번호를 그대로 유지할 수 있습니다. 처음에 이 서비스를 듣고 살짝 억울하기도 했습니다. 아니, 이렇게 해줄 수 있는 건데 왜 카드사들은 지금까지 새 번호를 발급해서 줬던 거야, 라고 말이죠. 결제 수단을 변경하려고 모든 웹사이트를 돌아다녔던 소중한 시간을 돌려달라고 호소하고 싶

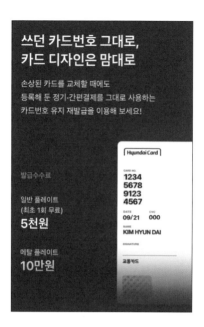

쓰던 카드번호 그대로,
카드 디자인은 맘대로

손상된 카드를 교체할 때에도
등록해 둔 정기·간편결제를 그대로 사용하는
카드번호 유지 재발급을 이용해 보세요!

발급수수료

일반 플레이트
(최초 1회 무료)
5천원

메탈 플레이트
10만원

Hyundai Card

CARD NO.
1234
5678
9123
4567

DATE   CVC
09/21   000

NAME
KIM HYUN DAI

SIGNATURE

교통카드

을 정도였죠. 자세한 내막은 알 수 없지만, 분명 그렇게 하지 못했던 사정이 있었을 것입니다. 하지만 그렇게 할 수밖에 없던 사정 속에서도 고객 관점으로 생각하고, 어떻게든 문제를 해결한 이 서비스에 감동을 받은 것은 사실입니다. 그러면서 자연스럽게 브랜드 충성도는 커지고, 주변에 자발적으로 홍보하게 됩니다. 우리는 이런 생각을 자주 합니다. 당연히 안 되는 것이라고요. 하지만 그 '당연히' 때문에 누군가가 불편을 겪고 시간을 빼앗겨서 사회적 비용이 발생하고 있다면, 당연한 것을 해결하기 위해 노력할 만한 가치가 충분하지 않을까요. 기획자가 '당연히'라는 말 너머에서 고객이 겪는 불편을 파악하고 개선할 때 고객에게 감동을 전할 수 있을 것입니다.

007

CJ제일제당

자취생에게
두부는 너무 크다

자취 10년 차가 훌쩍 넘었습니다. 자취를 할 때 직면하는 대표적인 문제 중 하나는 '남는 음식 재료'입니다. 최근 소용량으로 구매할 수 있는 곳이 많아지긴 했지만, 여전히 소용량으로 구매할 수 없는 것이 있습니다. 주로 한 모 단위로 판매하는 두부도 그중 하나죠.

1인용 찌개를 끓일 때 두부 한 모는 다소 많아서 반 모만 사용하는 편입니다. 남은 반 모는 용기에 담아 보관합니다. 어디선가 들은 두부 보관 꿀팁대로 용기에 물을 채워 보관하고 있습니다. 하지만 다시 꺼냈을 때 처음 개봉할 때처럼 신선하기는 어렵습니다. 용기에 담은 두부는 며칠이 지나면 색이 변하기 시작하여 먹기 꺼림칙해지죠. 결국 남은 두부 반 모는 음식물 쓰레기통으로 직행합니다. 이런 불편을 겪던 제게 마트에서 발견한 반 모 단위의 포장 두부는 획기적이었습니다. 한 모가 아니라, 반 모씩 별도로 포장되어 있어 반 모 단위로 필요한 요리에 사용할 수 있었습니다.

그 이후부터 반 모 두부를 구매합니다. 반 모만 사용하고 반 모는 그대로 보관하니 정말 편리했죠. 따로 용기에 보관할 필요도 없고, 재료의 신선도도 지킬 수 있었습니다.

　　늘어나는 1인 가구를 위해 두부 포장은 어떻게 바뀌어야 하는지 고민한 흔적이 묻어난 제품이라는 생각이 들었습니다. 그 덕분에 오늘 점심으로 끓인 된장찌개에도 이 반 모 두부를 썼습니다. 고객의 불편에 집중하고, 제품으로 대안을 제안해준 이 아이디어에 감사함을 느끼면서 말이죠.

인스타그램에
공유하고 싶은 문장

인스타그램이 모든 산업 전반에 미친 영향을 실감하곤 합니다. 여행지뿐만 아니라 식당, 카페, 전시관 등 모든 오프라인 공간이 인스타그램 영향권에 있습니다. 재미있게 과시하기를 좋아하는 MZ세대의 '인스타 핫플'이 되기 위해 많은 브랜드가 치열하게 고민하고 있죠. 카페 사장님들의 커뮤니티에서 '인스타그램에 예쁘게 나오는 조명 알려주세요!' 게시글이 조회 수 1등이 되는 것도 인스타그램이 얼마나 대단한 영향력을 발휘하는지 느끼게 합니다.

인스타그램의 시대에 책 문구를 '재미있게' 과시할 수 있게 도와주는 브랜드가 있습니다. 바로 '리디'입니다. 리디 전자책을 읽다가 마음에 든 문구를 공유하면 인스타그램에 올릴 수 있는 정사각형 이미지를 자동으로 만들어줍니다. 문구에 어울리는 배경과 폰트도 선택할 수 있죠. 책 제목과 저자 이름이 함께 노출되어 책 정보도 담을 수 있습니다.

사소해 보이는 이 기능 덕분에 특별한 이유가 아니라면 리디북스에서 전자책을 읽습니다. 다른 사람들과 공유하고 싶은 책 문구를 보기 좋은 인스타그램 콘텐츠로 만들어주기 때문입니다. 비용이 들

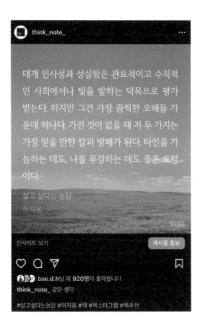

지도 않습니다. 이 기능을 사용해서 올린 인스타그램 게시물을 어렵
지 않게 발견할 수 있습니다. 책 문구가 이미지 중심 서비스인 인스
타그램에서 멋진 활약을 선보이는 콘텐츠가 된 것입니다.

많은 고객이 SNS를 자신의 정체성과 취향을 드러내는 공간으
로 활용하고 있습니다. 그렇다면 브랜드는 어떻게 해야 고객이 브랜
드의 정체성을 자신의 공간으로 인식해서 표현할 수 있을지 고민해
야 하지 않을까요.

코로나 전, 글로벌 여행 사이트 '트래블버드(TravelBird)'가 인스
타그램에 가장 많이 올라온 여행 장소를 발표한 적이 있습니다. 상
위 3곳 중 2곳이 모두 이곳이라 의외라는 반응이 나왔는데요. 세계
적 명소인 파리의 에펠탑도, 중국의 만리장성도 아니었습니다. 바

로 디즈니랜드였습니다. 인스타그램 유저는 디즈니랜드를 즐기는 나의 정체성과 취향을 재미있게 과시하고 싶었던 것입니다. 디즈니랜드가 매일 선보이는 퍼레이드와 불꽃놀이는 인스타그램에 올릴 수 있는 대표적인 콘텐츠가 됐습니다.

오프라인 사업을 운영하고 있다면, 우리 공간에서는 무엇이 디즈니랜드의 퍼레이드와 불꽃놀이가 될 수 있을지 고민해봐야 하지 않을까요. 텍스트가 이미지 서비스에서 콘텐츠가 될 수 있는 것처럼 생각보다 많은 것이 콘텐츠가 될 수 있으리라 생각합니다.

카페가
명함을 건네는 방식

종이 명함을 주고받는 일이 점점 줄어들고 있습니다. '리멤버'와 같은 명함 서비스가 등장하며 디지털로 점차 옮겨지는 추세이기도 했지만, 팬데믹 영향으로 비대면 회의가 자리를 잡으며 종이 명함을 주고받는 상황은 더욱 사라졌습니다.

실제로 한국제지연합회가 발표한 제지산업 월별 수급 현황에 따르면 명함을 비롯해 포스터, 팸플릿, 청첩장, 식권 등의 인쇄 주문이 줄어들면서 2021년 1월에서 7월까지의 인쇄용지 생산량은 136만 톤으로 작년 같은 기간 대비 9.7%가 감소했습니다. 조사 이래 5% 이상 하락한 적이 처음이라고 하니, 종이 명함을 비롯한 종이의 위기가 와닿습니다.

건대입구역에서 자취를 할 때 좋아하던 카페가 있었습니다. 지금은 사라져서 아쉬운 '카페코튼'이라는 곳인데요. 제일 좋아하던 자리는 가로로 긴 대형 원목 테이블이었습니다. 은은한 조명 아래에서 노트북, 책, 다이어리 등을 원목 테이블 위에 펼쳐두고 글을 쓰거나 책을 읽으면 참 잘 써지고 잘 읽혔습니다. 디저트 맛집이기도 해서 당 충전에 제격이기도 했죠.

이 카페가 독특했던 점 중 하나는 카페 명함이었습니다. 특히 제공하는 방식이 독특했습니다. '자유롭게 잘라서 책갈피 등으로 사용하실 수 있습니다'라는 안내 문구에 따라, 카페 이름과 발음이 같은 무명(코튼, cotton)'으로 만들어진 명함을 고객이 원하는 만큼 직접 잘라 갈 수 있었습니다.

카페가 명함을 준다는 것, 그리그 그 명함이 무명이라는 것, 고객이 원하는 만큼 잘라 갈 수 있다는 것. 이 경험만으로도 카페코튼을 기억하고 호감을 느끼기에는 충분했습니다. 오래전 이 카페를 함께 다녀간 지인과 대화를 나누다 '명함 잘라 갈 수 있었던 그 카페!'라고 말하자 단번에 이 카페를 떠올리고 '참 좋았는데'라며 입을 모았습니다.

선릉에 위치한 '최인아책방'의 최인아 대표는 KBS에서 방영한 〈시사기획 창〉 '책방은 살아 있다' 편에 출연해 감각의 중요성을 이야기한 적이 있습니다.

"인간이라는 존재는 말이에요. 아무리 디지털이 널리 퍼져도 '야, 하늘이 오늘 되게 파래'라고 말하면서 즐거워하고 '와, 커피 향이 되게 좋아' 그런 걸 좋아한단 말이에요. 사람은 디지털화되는 존재 같지가 않아요. 여전히 오감을 가진 존재죠."

카페코튼 명함은 지금까지 책갈피로 잘 활용하고 있습니다. 책갈피를 볼 때마다 그 카페가 기억나고 어떤 디자인으로 가져갈까 고민했던 순간이 떠오르며 가위로 직접 무명을 잘랐을 때의 묵직한 감각이 되살아납니다. 종이 명함이 제공하던 감각을 넘어선 새로운 형태와 제공 방식을 선택한 명함을 보며 아날로그 명함의 미래를 생각해봅니다. 카페코튼처럼 풍성한 감각을 명함에 담을 수 있다면 아날로그 명함은 앞으로도 쓰이지 않을까 하고 말이죠.

앱 업데이트 안내 화면의 디테일

집 앞에 있는 이디야커피에 자주 갑니다. 조금 과한 취향 고백일 수도 있겠지만 이디야커피의 토피넛라테를 정말 좋아합니다.

이디야커피는 멤버십 제도를 운영하고 있어 주문할 때마다 바코드를 내밀어 스탬프 적립을 받고 있습니다. 이번 방문 때도 어김없이 스탬프 적립을 위해 앱을 켰는데요. '새로운 버전을 설치하셔야 서비스를 이용할 수 있습니다'라고 알려주는 문구가 보였습니다.

'에잇, 업데이트해야 이용할 수 있나 보군.'

포기하려던 찰나, 시선을 아래로 살짝 내리니 익숙한 그림 하나가 보였습니다. 바로 적립을 위한 바코드였습니다. 업데이트해야 서비스를 사용할 수 있는 상황에서도 적립을 위한 바코드만큼은 결제할 때 사용할 수 있도록 안내 문구와 함께 노출해주고 있었습니다. 결제 순간의 고객을 위한 작은 배려라는 생각이 들었습니다.

결제는 빠르게 끝나야 합니다. 그런 순간에 '앱 업데이트'를 해야 적립 바코드를 제시할 수 있는 상황은 고객과 직원 입장에서 모두 불편한 순간이었습니다. 고객은 '에잇 적립 안 해!'라며 번거롭다고 느낄 수 있고, 직원 입장에서는 앱 업데이트를 진행하는 고객을 계

속 응대해야 하는 문제가 발생하죠.

다른 포인트 적립 앱은 어떨지 궁금해져 살펴본 결과 많은 서비스가 앱 업데이트를 안내하면서도 바코드만큼은 보여주는 디테일을 갖추고 있었습니다.

《마케터의 질문》(더퀘스트, 2019)의 저자이자 고객 경험 전문가인 진 블리스는 고객 경험을 위해서는 단 1가지 조건만 있으면 된다고 말합니다. 바로 '고객을 어머니라고 생각해보자'입니다. 고객에게 하고자 하는 일을 과연 내 어머니에게도 할 수 있을까, 라는 질문은 소소하지만 의미 있는 고객 만족 경험을 만들어낼 수 있다고 말합니다.

멤버십 적립을 위해 힘들게 앱을 찾은 어머께 '앱 업데이트 이후 이용해주세요'라고 말할 수는 없을 것입니다. 특히 제 어머니는 스마트폰이 친숙하지 않아 앱 업데이트마저도 어려워하는 분인데 말이죠.

앱 업데이트를 할 때 '지금' 꼭 확인해야 하는 것들만큼은 안내 화면에서 같이 보여주면 좋겠습니다. 금융 앱이라면 계좌 번호나 통장 잔고를, 캘린더 앱이라면 오늘 일정을, 쇼핑 앱이라면 배송 현황을 안내 화면과 함께 보여줄 수 있지 않을까요. 제 어머니께 보여드리는 앱 업데이트 안내 화면이라면, 이런 내용을 함께 보여드리고 싶을 것 같아서요.

'산'만 남는
뮤지엄 산 입장권

어딘가를 다녀오면 입장권을 보관하는 편입니다. 제게는 일종의 기념품이지요. 그곳이 그리워질 때 다이어리에 넣어둔 입장권으로 마음을 달래보곤 합니다. 추억을 더듬는 저만의 루틴인 셈입니다.

입장권을 모으는 취미가 있다 보니 '독특한' 입장권을 만나게 되면 이를 기록하고 나누는 것이 습관이 되었습니다. 제가 쓴《도쿄의 디테일》과《교토의 디테일》에서 독특한 입장권을 소개한 것도 이런 취미 덕분입니다.

아쉽게도 한국을 여행하면서 '독특하다'라고 느꼈던 입장권을 발견하지 못하던 차에, 드디어 만나게 됐습니다. 바로 강원도 원주에 위치한 '뮤지엄 산'이라는 곳의 입장권이었습니다. 뮤지엄 산은 세계적인 건축가 안도 다다오가 설계한 건물로 잘 알려진 곳이죠. 이곳에서 바라보는 풍경이 그야말로 '인스타 각'이라 많은 분들이 '인생 사진'을 건지러 오는 곳이기도 합니다.

뮤지엄 산 입장권은 관람 범위에 따라 세분화되어 있습니다. 그중 통합권을 끊으면 뮤지엄 산의 기본 전시뿐 아니라 제임스 터렐 전시관도 관람할 수 있고 명상 체험까지 할 수 있습니다. 즉 3개 시설을 이용할 수 있는 입장권인데요. 각 공간에 들어갈 때마다 입장권에 붙은 작은 표를 뗍니다. 그렇게 하나씩 떼다 보면 마지막에 신기한 일이 일어납니다. 바로 '산' 하나만 우뚝 솟은 모양을 만날 수 있게 되는 것이죠.

이 표를 저만 신기하게 느낀 건 아니었던 것 같습니다. 뮤지엄 산을 SNS에서 검색하거나 블로그 후기를 살펴보면 입장권의 '독특함'을 이야기하는 고객이 많았습니다. 다른 관광지의 입장권은 기억 못할 것 같지만, 뮤지엄 산만큼은 강렬하게 기억할 것 같다는 후기가 돋보였습니다.

시인이자 소설가인 마야 안젤루는 "사람들은 당신이 한 말을 잊고 당신이 한 행동도 잊지만, 당신이 준 느낌만큼은 결코 잊지 않는

다"라고 말했습니다. 시간이 지나면 뮤지엄 산에서 어떤 전시를 보고, 무엇을 했었는지는 잘 기억나지 않을 것입니다. 하지만 뮤지엄 산 입장권이 전해준 강렬한 느낌만큼은 결코 잊지 못할 것입니다. 표를 하나씩 뜯을 때마다 산이 점점 완성되는 경험, 산 모양을 완성하고 주변 산과 한 프레임에서 사진을 찍었던 경험이 준 느낌이 이곳을 '좋았던 공간'으로 오래 기억나게 할 것입니다. 고객에게 느낌을 전달하기 위한 경험 설계가 필요한 이유입니다.

배송 기사님에게
감사의 메시지를 전하는 브랜드

리디에서 북 큐레이터로 활동을 한 덕분에 전자책 단말기 '리디 페이퍼'를 선물로 받게 됐습니다. 저는 전자책 팬으로서 7년 넘게 전자책으로 독서를 즐기고 있는데요. 새로운 전자책 기기를 접할 때마다 설레는 마음을 감출 수 없습니다.

'택배가 도착할 예정입니다.'

리디페이퍼가 도착했다는 문자를 받고 바로 뛰어나가 택배를 들고 왔습니다. 그리고 택배 상자를 개봉하려던 찰나, 이 문구를 보고 리디의 세심함을 느낄 수 있었습니다.

'고마운 배송 기사님! 리디 고객님의 소중한 물건이 담겨 있습니다. 안전하고 정확한 배송 부탁드립니다. 항상 감사합니다.'

이 문구는 고객과 배송 기사 모두에게 감동을 전합니다. 우선은 고객. '리디 고객님의 소중한 물건이 담겨 있습니다'라는 문구를 통해 리디가 나의 제품을 소중하게 생각하고 있다는 사실에 은은한 감동을 받게 됩니다. 나의 제품이 잘 케어받고 있다는 생각이 들죠.

'항상 감사합니다'라는 문구는 배송 기사의 마음을 움직입니다. 배송의 수고로움을 알아주고 감사함을 표현하는 리디가 다른 브

랜드에 비해 돋보일 것입니다. 실제로 그럴지는 잘 모르겠지만, 이 문구를 본 배송 기사 중 일부는 조금이라도 이 물건을 신경 써주지 않을까요.

리디는 '고객 여정'에서 마지막까지 세심함을 놓치지 않았습니다. 구매하면 끝이 아니라 고객의 물건이 전달되는 과정, 고객이 물건을 최종으로 받아보는 단계까지 세심하게 신경 썼습니다. 위스콘신주립대 신동훈 교수는 이렇게 말했습니다.

"고객 경험은 일련의 단순한 행동이 아니다. 고객 경험은 감정에 중점을 둔다. 고객과의 모든 접점에서 고객이 귀사에 관해 느끼는 감정을 호전시킬 수도 있고 악화시킬 수도 있다. 따라서 각 접점에서 내려야 할 중요한 결정이 있다. 이 결정이 비즈니스의 성공 여부를 결정한다."

결국 고객도 사람이기에 '감정'이 중요할 수밖에 없습니다. 리디북스가 배송 기사님께 감사함을 표현했다는 사실, 나의 물건을 소중하게 생각해준다는 사실 모두 감정이 움직이는 순간입니다. 고객 여정에서 제일 중요한 것은 감정이고, 그 감정을 움직일 수 있는 건 사소한 '디테일'이 아닐까 다시 한번 생각해봅니다.

서비스가 고객의 생일을 축하해주는 법

생일이 되면 많은 서비스가 카카오톡 알림부터 메일, 앱 푸시를 통해 생일 축하 메시지를 보냅니다. 대부분은 혜택 정보를 담은 메시지입니다. 'OO 님, 생일을 위한 10% 할인 쿠폰!' 같은 식이죠. 물론 감사한 일이고 고객을 아끼는 마음을 담았다고 믿어 의심치 않지만, 비슷한 생일 축하 메시지를 수십 통 받다 보면 제 생일이 프로모션 타깃이 된 듯한 느낌이 들어 '그저 그런' 축하 메시지가 되고 맙니다.

생일을 축하해준 브랜드 중 기억나는 서비스를 말해보라 하면 딱 하나만 떠오르는 것도 그런 이유 때문이 아닐까 싶습니다. 바로 토스입니다. 의외라고 생각하는 분들도 있겠습니다. 토스가 어떤 '혜택'을 줄 수 있나 하고 말이죠.

토스밖에 기억이 나지 않는 건 재미있는 축하 방식 때문이었습니다. 우선 푸시 메시지를 하나 받았습니다. OO 님의 생일을 축하하며 케이크를 보내준다는 메시지였습니다. 혹했습니다. 이벤트라도 당첨된 것인가 하는 마음이 들었습니다. 당연히 푸시 메시지를 바로 눌러봤습니다.

예상하셨겠지만 실제 케이크는 아니었습니다. 대신 토스 앱이

실행되고 큰 화면 속에 케이크 애니메이션이 등장했습니다. 실제로 케이크를 받은 건 아니었지만, 그래도 받은 것만큼 기분이 좋아졌습니다. 여기서 그치지 않았습니다. 화면을 꾹 누르면서 소원을 빌어보라는 메시지가 떴죠. 이런 유치한 행동을 누가 해, 라고 했는데 네, 제가 하고 있었습니다. 어느새 엄지로 케이크를 꾹 누르면서 (심지어 눈도 감고) 소원을 빌었습니다. 그렇게 소원을 다 빌자 돈다발이 떨어지며 토스의 생일 축하 이벤트가 마무리됐습니다.

왜 수많은 생일 축하 메시지 중 토스만 기억하고 있을까요. 그건 구체적인 '고객 경험'을 만들었기 때문입니다. 케이크를 받는 듯한 경험, 소원을 비는 경험을 순차적으로 해보며 강렬한 인상을 남겼습니다. 할인 쿠폰이 붙은 생일 축하 메시지 대신, 고객의 생일을 토스만의 방식으로 축하해주는 모습이 인상적이었습니다.

MZ세대의 특징 중 하나는 '주도성'이라고 합니다. 주도권을 가지고 직접 해보는 것을 좋아한다는 것이죠. 생일 축하도 마찬가지 아닐까요. 주도권을 가지고 직접 내 생일을 축하하고, 소원을 비는 경험을 하게 해준 토스는 어쩌면 MZ세대에게 어떻게 생일 축하를 보내야 하는지 이미 알고 있는 브랜드가 아닐까 싶습니다. 다가오는 내년 생일에도 토스의 생일 축하 메시지를 제일 기대하는 이유이기도 합니다.

014
스타벅스

이 카페에서 지금 제일 잘 나가는
메뉴가 무엇일까?

디지털에 강한 커피 브랜드를 꼽을 때 가장 먼저 떠오르는 곳은 '스타벅스'입니다. 스타벅스는 자사 앱을 통해 많은 서비스를 제공합니다. 그중 가장 유명한 것이 바로 사이렌 오더죠. 사이렌 오더는 2014년 5월에 스타벅스 코리아가 도입한 서비스로 스타벅스 앱을 통해 반경 2km 내에 있는 스타벅스 매장의 음료 주문을 모바일로 할 수 있는 서비스입니다. 줄을 서서 대기할 필요도 없고, 직원과의 대화도 필요 없습니다. 또한 테이크아웃을 할 때도 미리 주문할 수 있어 빠른 픽업이 가능하다는 것도 큰 장점이죠.

저도 사이렌 오더를 자주 이용합니다. 대면보다 비대면이 편해지는 것은 코로나 팬데믹 영향도 있지만 문자와 디지털에 친숙한 세대의 영향도 있습니다. 직원을 통해 바로 음료를 주문할 수 있는 상황에도 사이렌 오더를 이용합니다. 직원과의 커뮤니케이션 없이 복잡한 결제 단계도 주도적으로 천천히 진행할 수 있는 점이 좋습니다.

어김없이 사이렌 오더로 주문하려던 순간, 앱이 업데이트되었다는 팝업을 보게 됐습니다. 무엇이 새로워졌을까 궁금한 마음에 업데이트를 했고, 새로 연 스타벅스 앱에서 이 기능을 발견했습니다.

'이 시간대 ○○점 인기 메뉴'

　카페에 들르면 지금 제일 잘 나가는 메뉴가 궁금했습니다. 메뉴 판에 붙어 있는 '시그니처', '베스트' 등의 딱지가 메뉴 선택에 큰 도움을 주지만 '실시간 인기'를 반영하지는 않아서 아쉬웠습니다. 차가운 음료가 카페의 시그니처 메뉴지만 추운 겨울에는 적당한 추천 메뉴가 아닐 수도 있기 때문입니다.

　그래서 카페에서 '실시간 인기 음료'를 알 수 있게 해주면 좋겠다는 생각을 자주 했습니다. 그리고 그 기능을 스타벅스가 드디어 구현한 것입니다. 사이렌 오더를 포함해 전체 음료 주문 데이터를 실시간으로 앱 서비스와 연동해 현재 매장의 인기 음료를 보여주며 음료 선택을 고민하는 고객의 사소한 걱정을 덜어줬습니다.

　음료 주문 데이터를 단순하게 쌓아놓기만 하지 않고 고객의 음료 주문을 돕는 콘텐츠로 가공하는 시도를 보며 카페가 디지털을 어떻게 활용할 수 있는지 레퍼런스를 잘 만들어가고 있다는 생각이 들었습니다. 스타벅스에 들르게 되면 가장 먼저 앱을 켜서 실시간 인기 음료를 확인한 뒤 음료를 주문하는 '습관'이 만들어지고 있는 것을 보면 말이죠. 이렇게 오프라인 카페가 디지털과 친해지는 방식을 배워가고 있습니다.

그때 출발하면
얼마나 걸릴까?

출장이나 여행 등 자차 이동을 준비할 때, 꼭 미리 확인하는 것이 있습니다. 내비게이션 앱 '티맵'의 '다른 시간 출발' 기능으로 출발지와 도착지, 출발 날짜와 시간을 설정하여 예상 소요 시간을 확인하는 것입니다. 설정한 시간 기준으로 1시간 후, 2시간 후의 예상 소요 시간도 알 수 있어 이동 계획을 짜는 데 큰 도움이 됩니다. 이 기능의 맛을 알아버린 이후로는 자차 이동을 계획할 때는 이 과정을 꼭 거치고 있습니다.

저는 티맵을 사용하지만 티맵뿐 아니라 카카오맵, 네이버 지도와 같은 지도 앱에서도 '다른 시간 출발' 기능을 제공하고 있습니다. 이 기능이 인상 깊었던 이유는 크게 2가지였습니다. 하나는 고객의 궁금증을 해결해주는 기능이라는 것입니다. "내일 아침 운전하려는데 얼마나 걸릴까?", "그날 언제 이동하면 길이 가장 안 막힐까?" 같은 운전자의 궁금증을 데이터로 풀어주는 것입니다. 다른 하나는 내비게이션의 역할 확장입니다. 내비게이션은 실제 이동할 때 이용하는 것이 보통이었습니다. 지금 가장 빠른 길을 알려주는 것이 내비게이션의 기본 역할이니까요.

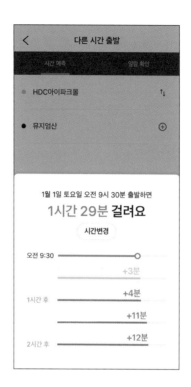

하지만 '다른 시간 출발'은 운전하기 전 상황에서도 내비게이션 앱을 열어보게 만들었습니다. 지금 당장 운전을 하지는 않더라도, 이동이나 여행을 계획할 때 내비게이션을 켜보게 되는 것이죠. 서비스 입장에서도 기존보다 더 자주 열어보는 서비스가 되었으니 '효자 기능'이라 할 수 있습니다.

더 자주 열어보고 쓸 수 있도록 역할을 확장해나가는 서비스를 보면 뿌듯한 마음이 듭니다. 그리고 그 역할이 오로지 고객을 바라보았을 때 더 빛이 나는 것 같고요. 고객에게 서비스가 필요한 순간을 점점 늘려나가는 브랜드가 많아지면 좋겠습니다.

앱 업데이트 설명으로
웃음을 주는 서비스

IT 업계에 종사해서 그런지 몰라도 앱을 업데이트할 때면 그 내역을 자세히 살피는 편입니다. 앱에 추가된 기능을 보며 사용자의 어떤 니즈가 새로 반영됐는지 공부하고, 직접 사용하며 내가 맡은 서비스에 접목할 수 있는 점은 없을지 아이디어를 떠올리기도 합니다.

패션 서비스 '지그재그'의 앱 업데이트 설명도 그때 발견했습니다. 앱 업데이트 설명을 하나씩 읽으며 앱을 업데이트해나가던 순간, 지그재그의 업데이트 내역이 눈에 띄었고 주변 친구에게 공유하기 위해 캡처를 했습니다.

새로운 기능

버전 기록

버전 6.53.0   2일 전

어우 저기야 내 정신 좀 봐
혜택 탭 열린 걸 깜빡했네

으응 지그재그가 글쎄 특가랑 혜택을 다 모아놨다니까

업데이트해보면 어뜨까싶어

당시 지그재그는 윤여정 배우를 광고 모델로 기용하는 파격을 선보였습니다. 10대와 20대가 즐겨 사용하는 쇼핑몰 플랫폼의 모델로 70대 배우를 선정한 것이죠. 윤여정 배우가 외치는 "니들 마음대로 사세요" 광고 카피는 그야말로 세련된 어른의 모습을 보여줬습니다. 늘 새로운 역할에 도전하고, 솔직하고 유쾌한 발언으로 가식 없는 모습을 보인 배우의 캐릭터와 찰떡인 광고였죠.

그 광고의 콘셉트는 앱 업데이트 설명까지 이어졌습니다. 윤여정 배우의 말투를 따라 한 업데이트 설명은 SNS에서 큰 화제가 됐습니다. '음성 지원된다', '업데이트 설명 보다가 웃은 건 이번이 처음이다', '지그재그답다' 같은 댓글이 수없이 달렸죠. 앱 기반 서비스가 많아지면서 앱 업데이트 설명란까지도 점차 '브랜딩'이 되고 있습니다. 지그재그는 이 점을 잘 활용했습니다. 내보내는 광고와 결을 맞춰서 표면적으로 잘 드러나지 않는 업데이트 설명문까지 세심하게 신경 썼습니다. 많은 분이 기분 좋게 '업데이트'까지 도달했을 것입니다. 위트를 더한 안내는 경계심을 흐리게 만들고 자발적 반응을 이끌어내기 때문이죠.

순두부찌개 양념 봉투가
자신의 역할을 넘어서서

시중에 판매하는 순두부찌개 양념을 즐겨 사용합니다. 맛집의 순두부찌개 맛을 집에서 구현하려다가 늘 실패만 하던 저는 그 맛과 유사한 순두부찌개 양념을 발견한 뒤 그 양념으로 순두부찌개를 끓여 먹기 시작했습니다. 이 순두부찌개 양념 포장에는 작은 디테일이 하나 숨어 있는데요. 바로 '물 계량'입니다.

순두부찌개 양념을 냄비에 부은 뒤, 물을 넣어야 하는데요. 이 양념 포장지로 물양을 계량할 수 있습니다. 포장지 뒷면에 화살표로

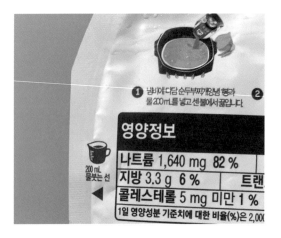

정량을 가늠할 수 있도록 한 덕분에 계량컵이 따로 필요 없게 되었습니다.

이처럼 포장지를 활용해서 '계량'할 수 있는 디테일이 많이 등장하고 있는 듯합니다. 하지만 계량이 꼭 필요하다 느껴지는 '라면 봉지'에는 아직 이런 디테일이 없는 것 같더라고요. 그래서 인터넷에 검색해보면, 라면 봉지를 삼등분해서 접은 후 봉지의 3분의 2 지점을 가위로 잘라 그 부분까지 채우면 얼추 550ml 정도의 물이 된다는 팁이 알려져 있기도 합니다. 라면 회사에 다니는 독자님이 계신다면 이 아이디어를 고려해주시는 건 어떨까요. 라면 봉지 자체로 물양을 잴 수 있도록 해준다면, 라면 물양 조절에 실패하는 많은 소비자를 구원해줄 수 있을 것 같은데 말이죠. 잘 부탁드려봅니다.

보험 회사가
걸음 수 측정을 하는 이유

하루 8,000보 이상 걷는 날 꼭 실행하는 앱이 있습니다. 바로 '애니핏플러스'입니다. 걸음 수를 체크해줄 뿐만 아니라 '포인트'를 주기 때문인데요. 8,000보 이상 걸으면 룰렛을 돌릴 자격이 주어지고 룰렛 결과에 따라 10포인트에서 많게는 1,000포인트까지 획득합니다. 포인트는 보험금 지급이나 포인트몰 상품 구매에 사용할 수 있습니다.

모두가 누릴 수 있는 혜택은 아닙니다. 애니핏플러스는 삼성화재가 만든 건강관리 프로그램으로, 삼성화재 상품을 이용하는 고객에게 제공됩니다. 고객은 스마트폰 또는 스마트 워치에 기록된 걸음 수를 확인해 리워드를 받을 수 있죠.

처음에는 소소한 포인트를 받으려고 걷기 운동을 할까 싶었는데, 이상하게 포인트를 차곡차곡 모으는 데 재미가 붙었습니다. 게다가 원래 걷기와 달리기를 좋아하다 보니 '이왕 운동할 거면 돈도 벌면 좋잖아'라는 생각이 들었죠. 어느덧 애니핏플러스는 걷기를 할 때면 어김없이 열어보는 앱이 되었고, 그렇게 운동 루틴의 일환으로 자리 잡았습니다.

이 프로그램을 보면서 문득 궁금해졌습니다. 보험 회사가 왜 걷기 리워드 프로그램을 운영할까. 우선 가입자가 걷기 운동을 꾸준히 해서 질병 발생률이 줄어들면 보험 청구가 줄어들어 보험 회사에 이득이 될 수 있습니다. 실제로 하루 30분 동안 걸으면 심장 질환과 뇌졸중 위험률은 30%가량 줄고 대장암과 자궁암, 유방암 등에도 예방 효과가 있는 것으로 알려져 있습니다. '건강 리워드 프로그램'으로 고객의 자발적인 건강 관리를 유도하고, 보험 회사 입장에서는 잠재적인 비용을 줄일 수 있게 됐습니다.

고객 입장에서는 어떨까요. 보험 회사의 고도화된 비용 절감 전략이 살짝 얄미울 수 있겠지만 어쨌든 건강을 유지하기 위해서는 꾸준한 운동이 필요합니다. 게다가 포인트 리워드를 받는 즐거움은 꽤 괜찮은 경험으로 다가옵니다. 7,000보를 채웠다면 1,000보 더 채워서 포인트 룰렛을 돌려보고 싶어질 수도 있죠. 게다가 언제 리워드를 받았는지 통계도 보여주니, 운동 통계도 함께 볼 수 있습니다.

걸으면 포인트를 제공하는 앱이 많아지고 있습니다. 토스를 비롯해 카카오페이에서도 이 기능을 도입했죠. 도입 목적은 애니핏플러스와 다소 다릅니다. 토스와 카카오페이는 사용자와 트래픽 확대 목적이 크죠. 걷기 리워드 서비스가 많아진 덕분에 만 보 이상 걷는 날이면 애니핏플러스, 토스, 카카오페이를 모두 열어 포인트를 받고 있습니다. 미션에 성공했다는 성취감과 함께 게임을 하고 있다는 생각마저 들 때도 있습니다. 보험사 앱을 한 달에 수차례 열어보면서 자발적으로 건강 관리를 하도록 유도하는 애니핏플러스 앱을 통해 보험 회사가 고객에게 다가가려는 노력을 짐작하게 되었습니다.

019

코레일

KTX에서
응급 상황이 생겼을 때

'갑자기 승무원의 도움이 필요하면 어떻게 하지?'

KTX를 탈 때마다 궁금했습니다. 비행기에는 좌석마다 호출 버튼이 있습니다. 용무가 있을 때 이 버튼을 누르면 승무원이 자리로 찾아옵니다. 불편하거나 원하는 것이 있을 때 효과적으로 사용할 수 있죠. 하지만 KTX는 좌석마다 호출 버튼이 없습니다. 그렇기에 용무가 있을 경우 승무원이 내가 있는 칸으로 오기만을 기다리거나 객실 통로로 나가 무전 호출기로 연락을 해야 했습니다.

이런 불편을 해결해준 기능이 '서비스콜'입니다. KTX는 2020년 8월부터 모바일 앱 '코레일'을 업데이트하면서 승무원을 호출할 수 있는 서비스콜 기능을 추가했습니다. 승차권 확인 화면에서 서비스콜을 누르면 승무원에게 간편하게 도움을 요청할 수 있는 것이죠. 또한 서비스콜을 하면서 상황을 미리 입력할 수 있습니다. 객실 내 위급 상황, 마스크 미착용 고객 목격, 객실 냉난방 조절, 화장실 위생 불량 등 항목을 선택할 수 있고 직접 입력도 가능합니다. 승무원은 상황을 인지하고 오기에 대처 방법을 미리 고민해서 올 수 있다는 장점도 있습니다.

 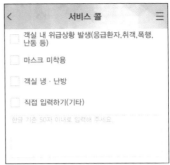

　　물론 단점도 있습니다. 앱을 사용하지 않으면, 이 기능 자체를 사용할 수 없다는 것입니다. 앱 사용이 능숙지 않은 고객은 같은 요금을 지불하고도 제공받을 수 있는 서비스 자체가 달라집니다.

　　하지만 디지털을 이용한 베타 테스트는 나쁘지 않다고 생각합니다. 모든 승객이 앱 없이 서비스콜을 사용하기 위해서는 좌석 시스템을 바꿔야 합니다. 큰 비용이 들어가는 일이죠. 그 전에 상대적으로 적은 비용으로 도입이 가능한 디지털 서비스로 테스트해본 뒤 반응이 좋을 경우 좌석에 도입하는 단계로 순차 접근하는 것도 자원을 효율적으로 사용할 수 있는 방법입니다. 이제 KTX를 이용하며 승무원이 올 때까지 기다려야 하는 상황이 조금은 줄어들 것 같습니다.

　　저는 이 서비스를 보며, 고속버스를 떠올리기도 했습니다. 여름이나 겨울에는 고속버스 안이 너무 춥거나 더운 경우가 있습니다. 이럴 때 승객이 기사에게 다가가거나 앉은 자리에서 소리를 질러 온도 조절을 요청하는 모습을 자주 보았는데요. 고속버스 앱을 활용해 온도 조절 옵션을 선택하면 ('더워요', '추워요') 기사가 운전 중에 들을 수 있는 기능이 있으면 좋겠다는 생각이 들었습니다.

물론 무엇보다 안전에 미칠 영향을 더 세심히 들여다봐야 할 것입니다. 안전을 해치지 않는 선에서, 승객의 요청을 보다 편리하게 전달할 수 있는 서비스가 많아지길 기대해봅니다.

운동화가
친구처럼 느껴지는 이유

달리기를 할 때 '나이키 런 클럽(Nike Run Club, NRC)'을 이용하고 있습니다. 나이키 런 클럽은 스포츠 브랜드 '나이키'에서 만든 앱입니다. 달린 거리와 시간 등을 기록할 수 있고, 러닝 마스터의 코칭 기능도 있습니다. 뿐만 아니라 친구를 초대해서 기록을 겨룰 수 있고, 커뮤니티를 통해 달리기에 관심 있는 사람들이 모여 함께 달리는 것도 가능합니다.

나이키 런 클럽에서 의외의 기능이라고 생각했던 것 중 하나는 '내 러닝화' 기능이었습니다. 착용하는 러닝화를 설정해두면 달린 기록이 러닝화 데이터에 쌓이면서 특정 러닝화와 얼마나 함께 뛰었는지 알 수 있습니다.

지금까지 러닝화를 '친구' 같다고 생각해본 적은 단 한 번도 없었습니다. 하지만 이 기능을 통해 러닝화가 마치 나와 함께 달리는 친구 같다고 느꼈습니다. 얼마나 오랫동안, 얼마나 긴 거리를 이 러닝화와 함께했는지 시간과 거리로 알게 되면서 '정'이 들어버린 것 같달까요.

이런 경험 덕분에, 새로운 러닝화를 구입하면 저도 모르게 '새

107 KM

목표 달성까지 193km

Nike React Infinity Run Flyknit

21	11'38''	20:49
러닝	평균 페이스	시간(시간:분)

창고에 러닝화 넣기

친구를 사귀게 됐다'는 생각이 들곤 합니다. 앞으로 잘 부탁한다는 마음으로 새 러닝화의 끈을 조여 묶고, NRC에 러닝화를 등록하죠. 이때부터 함께하는 동행이 기록되기 시작합니다.

앱으로 러닝화를 등록하니 좋은 점 중 하나는 러닝화의 수명을 대강 알 수 있다는 것입니다. 러닝화가 닳아 더 이상 못 신게 되었을 때 '아, 이 정도 뛰면 러닝화가 수명을 다하는구나'라고 알 수 있습니다. 지금까지 놓치고 있던 러닝화 기록을 고객이 직접 확인하면서 러닝화를 본격적으로 관리할 수 있게 되었습니다.

나이키도 이 데이터를 들여다보고 있지 않을까요. 한 사람당 한 러닝화로 몇 km를 뛰고 있는지 말이죠. 그리고 그 덕분에 러닝화의 수명이 다할 무렵, 새 나이키 러닝화를 구입할 수 있는 쿠폰을 앱으로 전송하는 마케팅도 가능할 것 같습니다. 또한 '내 러닝화'에는 타사 브랜드의 러닝화도 등록할 수 있는데요. 이를 통해 나이키는 요즘 러너들이 사랑하는 러닝화가 무엇인지도 알 수 있을 것입니다. '내 러닝화'라는 작은 기능이 고객에게는 운동화와 동행한다는 기분을 선물하고, 나이키에게는 고객의 러닝화 기록을 살펴볼 수 있는 기회가 된 것입니다.

나이키는 전 이베이 CEO인 존 도나호를 영입하며 빅데이터 기업으로 변모하려는 움직임을 보였습니다. 고객의 데이터를 활용해 제품 경쟁력을 강화하며, 중간 유통 단계 없이 나이키가 고객에게 제품을 판매하는 D2C 유통 모델을 강화할 것이라 밝혔죠. 그리고 고객의 데이터를 수집하는 창구는 제품 판매 데이터뿐만 아니라 나이키 런 클럽, 나이키 트레이닝 클럽과 같은 앱이 되리라 생각됩니다. '내 러닝화'를 통해 러닝화 데이터를 새롭게 모으게 된 것처럼 말이죠.

과일을 먹고 난 뒤,
껍질 처리가 곤란하다

자취를 하면서 수박을 '통째로' 사 먹은 적이 있었는지 생각해보니 단 한 번도 없습니다. 그 이유는 바로 '수박 껍질' 때문입니다. 먹을 때는 좋지만, 버려지는 수박 껍질을 처리하는 것이 여간 귀찮은 일이 아닙니다. 채소도 마찬가지입니다. 무르고 상한 부분을 잘라내면 쓰레기양이 만만치 않습니다. 그래서 자취생에게 다듬어지지 않은 채소와 과일은 큰마음 먹고 사야 하는 먹거리입니다.

저와 같은 고민을 가진 고객을 위해 여의도에 위치한 더현대 서울 푸드마켓은 특별한 서비스를 제공하고 있습니다. 바로 '채소, 과일 손질 서비스'입니다. 구매할 채소나 과일을 손질 서비스 코너에 맡기면 먹기 좋게 손질된 채소와 과일을 수령할 수 있습니다. 소분 서비스도 제공해서 소분 포장까지 가능합니다. 수박 1통을 다 먹기 힘들다면 소분 포장한 뒤, 일부는 주변 이웃에게 선물로 줄 수도 있는 것이죠.

옆에서 지켜본 결과, 이 서비스를 이용하는 고객이 많았습니다. 특히 키위, 수박, 망고, 파인애플을 구매한 고객은 손질 서비스를 꼭 이용했습니다. 과일은 먹고 싶지만, 껍질 처리가 귀찮은 고객이 참

많았던 것이죠. 특별한 서비스를 제공해서 고객이 이곳에서 과일을 구매해야 하는 고유한 이유를 만들어낸 점이 인상 깊었습니다.

아예 손질된 채소와 과일을 소분해서 매대에 올리는 곳도 많습니다. 그럼에도 이곳의 손질 서비스가 특별하게 느껴진 건 상품의 신선도를 직접 살펴본 뒤 직접 고른 채소와 과일을 '즉석에서' 손질할 수 있다는 것이었습니다. 상품을 더 신뢰할 수 있고, 내가 선택한 채소와 과일이 깔끔해지는 것을 구경하며 재미있는 쇼핑 경험이 되기도 합니다.

오프라인 쇼핑의 최대 장점은 '경험'입니다. 오프라인 사업자는 온라인에서 즐길 수 없는 쇼핑 경험을 꼭 찾아내야 합니다. 와인 소믈리에에게 현장에서 직접 추천을 받아서 구매할 수 있도록 돕는 와인 매장도 있습니다. 와인은 취향이 극도로 섬세하게 나뉘는 주종 중 하나입니다. 그렇기에 내 취향에 맞는 와인을 찾는 것이 오히려 어려울 수도 있습니다. 그럴 때 와인 소믈리에의 도움을 받아 '인생 와인'을 접해보는 것, 온라인에서는 없는 특별한 경험입니다.

한편, 농심켈로그는 2021년 12월 롯데마트 제타플렉스점에 시리얼 에코 스테이션을 만들었습니다. 콘푸로스트, 첵스초코, 크랜베리 아몬드 그래놀라 등 대표 시리얼 8종을 원하는 용기에 자유롭게 구매할 수 있도록 했는데요. 포장과 유통 과정이 생략되어 제품 가격 역시 기존 완제품 대비 20% 저렴하게 제공하고 있습니다. 소비자가 원하는 시리얼을 저렴한 가격으로 직접 리필해서 즐기는 쇼핑은 오프라인 매장의 강점이 될 수 있습니다. 이런 지점을 적극적으로 발굴하면 오프라인 매장이 온라인 쇼핑몰에 대항할 수 있는 힘이 될 것이라고 생각해봅니다.

머리끈을 준비한 식당

쌀쌀한 날씨에 무엇을 먹을까 고민하다 쌀국숫집으로 향했습니다. 뜨끈한 국물이 절로 생각나는 추운 날씨였죠. 식당 밖에 위치한 키오스크에서 음식을 주문한 뒤 미닫이문을 열고 들어간 식당 안은 다소 좁았지만 특색이 있었습니다. 일본의 작은 라멘집 같은 느낌으로 좌석이 주방을 둘러싼 형태로 배치되어 있었죠. 옆 사람과 나란히 앉아서 조용히 식사할 수 있는 식당이었습니다.

비어 있는 자리에 앉아 수저와 젓가락을 꺼내기 위해 식탁 아래 서랍을 열었습니다. 그 안에는 수저와 젓가락이 있었고 그 옆에는 다른 식당에서는 볼 수 없는 특별한 물건이 하나 있었습니다. 바로 '머리끈'이 담긴 작은 유리병이었습니다.

음식을 먹을 때 긴 머리카락이 불편한 사람들이 많습니다. 특히 쌀국수같이 국물 음식일 때는 더욱 그렇죠. 머리가 길면 음식을 먹기 전에 머리를 뒤로 묶거나 한 손으로 머리카락을 잡은 채 식사하는 경우가 많았습니다.

이 쌀국숫집에서는 고객의 불편함을 캐치하고 머리끈을 제공하고 있습니다. 머리끈을 갖고 오지 않아도 좌석마다 비치된 머리끈

을 사용해 편하게 식사를 할 수 있죠. 평소 익숙하게 보던 식당 서랍에 머리끈 하나가 추가되었을 뿐인데, 이 사실 하나로 식당의 첫인상은 더욱 좋아졌습니다. 고객에게 관심을 기울이고 있다는 생각 때문이죠.

이곳은 고객이 말하기 전에 필요한 것을 '미리' 제공해줍니다. 각 좌석 뒤에는 옷걸이와 앞치마가 있고, 좌석 위에는 휴지와 소스통이 있었습니다. '혹시 앞치마 있나요?', '소스 더 주실 수 있나요?' 물어볼 필요 없이 필요한 것을 스스로 해결할 수 있습니다. 이렇게 고객이 필요한 것을 미리 배치해둔 덕분에 식당 직원들은 음식 조리에만 집중할 수 있었고요. 음식 맛도 훌륭해서 다음번에 또 오고 싶다는 생각으로 식당을 나왔습니다. 뜨끈한 쌀국수 국물과 더불어 고객을 위한 디테일 덕분에 몸과 마음이 함께 따뜻해지는 한 끼 식사였습니다.

반려견과 함께하는
공간

경기도 이천의 명소 중 하나는 다름 아닌 '시몬스 테라스'라는 공간입니다. 이곳은 침대 브랜드 '시몬스'가 만든 복합 문화 공간으로 침대 쇼룸과 박물관, 그리고 카페가 결합되어 다양한 볼거리를 제공하고 있습니다. 2018년 문을 연 이후 2021년 12월까지 45만 명 가까이 방문했다고 하니 이천의 '핫플레이스'가 되었다고 자신 있게 말할 수 있는 공간이죠.

많은 인파 속에서도 공간을 찬찬히 둘러보며 시몬스가 설계한 색다른 공간 경험을 느꼈습니다. 특히 제가 방문했던 연말 즈음에는 크리스마스트리가 야외 공간에 높게 설치되어 포토존으로써 제 역할을 톡톡히 하고 있었습니다. 사람들이 크리스마스트리 앞에서 사진을 찍기 위해 매서운 겨울바람 속에도 줄을 길게 섰죠.

그렇게 둘러보고 나오다 제 눈에 들어온 건 반려동물 위생 봉투였습니다. 반려견을 데리고 온 고객이 위생 봉투를 챙겨오지 못했을 때를 대비해 곳곳에서 위생 봉투를 제공하고 있었습니다. 게다가 위생 봉투가 살짝 특이했습니다. 손을 전혀 대지 않고도 배변을 깨끗하게 처리할 수 있는 '휴 에티켓 휴대용 배변 봉투'였습니다. 사용법

도 간단합니다. 박스 옆에 붙은 종이 스틱을 절취선에 따라 뜯어냅니다. 이후 박스 몸체에 붙어 있는 봉지를 펼칩니다. 그다음 종이 스틱을 삼각형 모양으로 접은 뒤 애완견의 변과 종이 스틱을 함께 봉지 안에 넣습니다. 그리고 입구를 봉한 뒤 쓰레기통에 버리면 끝납니다. 이 제품은 특허 등록이 되어 있을 정도로 기능의 차별성을 인정받았습니다. 이런 제품을 비치해 반려동물과 함께 온 고객을 배려하는 모습이 인상 깊었습니다.

반려동물을 키우는 인구가 1,000만 명을 넘어가는 지금, 반려동물과 어떻게 함께 살아갈 수 있을지 고민이 필요합니다. 펫 프렌들리(Pet Friendly)를 지향하는 스토어, 브랜드, 공간이 주목받는 이유도 반려동물을 키우는 인구가 점점 늘어나기 때문입니다. 반려동물 동반 입장을 허용한 IFC 여의도몰, 스타필드 하남, 스타필드 고양 등은 반려동물을 기르는 고객에게 1순위 쇼핑 공간으로 자리 잡았습니다. 아무리 거리가 멀어도 내가 사랑하는 반려동물과 함께할 수 있다는 사실에 '찾아가서' 쇼핑을 합니다. '펫 프렌들리'가 반려동물을 기르는 고객에게는 특별한 경험으로 다가오는 것입니다.

시몬스 테라스도 반려동물을 키우는 분들에게 특별한 곳으로 다가가지 않을까 싶었습니다. 배변 봉투를 챙겨주고, 게다가 일반적인 배변 봉투가 아니라 견주에게 편리함을 선사하는 특허받은 '디테일 배변 봉투'를 만나면서 브랜드에 관한 인식이 좋아지는 건 명백한 사실이니까요. 반려인과 비반려인 그리고 동물이 공존할 수 있는 성숙한 사회에 기여하는 고민이 주목받기를 기대해봅니다.

비즈니스 메일에
뭐라고 써야 할지 고민될 때

어려운 글쓰기 중 하나가 바로 '비즈니스 메일 작성'입니다. 원하는 것과 원하지 않는 것을 명확하게 밝히며 정중하게 의사를 전달해야 하는 고난도 커뮤니케이션이라 할 수 있습니다. 그래서 경험이 적은 사회초년생의 가장 큰 고민이 메일 쓰기이기도 합니다. 내용을 썼다, 지웠다를 무한 반복하곤 하죠.

그럴 때 이용할 수 있는 서비스가 혜성처럼 등장했습니다. 바로 '뭐라고할까'입니다. 비즈니스 메일 템플릿을 모아놓은 덕분에 상황에 맞는 문구를 복사, 붙여넣기만 하면 됩니다. 입사 인사할 때, 계약서 보낼 때, 미팅 마치고 메일 보낼 때, 퇴사할 때 등 다양한 상황이 주어져 있고, 각 상황에 적합한 메일 템플릿이 아카이빙되어 있습니다.

이 서비스를 만난 뒤, '꼭 필요했던 서비스야!' 하는 생각에 생각노트 트위터와 인스타그램에 소개했습니다. 그때 많은 분이 '메일 쓸 때 힘들었는데 큰 도움이 될 것 같다', '기발한 아이디어다', '꼭 필요했던 서비스다', '북마크해둬야겠다' 등의 반응을 보였습니다. 많은 분이 공감한 고민이었고 이 고민을 들여다보고 대안을 제시해준 서비스에 열광했습니다.

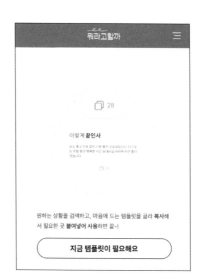

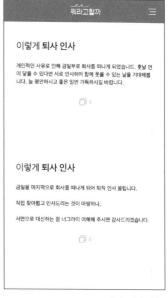

출처 : 뭐라고할까

77

이 서비스를 보며 느낀 점은 사소한 불편이라도 얼마든지 멋진 서비스가 될 수 있다는 것입니다. 그리고 그 사소한 불편이 '다수의 불편'에서 비롯됐을 때, 대중에게 통한다는 것을 알게 됐습니다.

이근상 저자가 쓴 《이것은 작은 브랜드를 위한 책》(몽스북, 2021)에는 "'앞서간다'는 건 브랜드가 소비자를 리드한다는 뜻이 아니다. '내가 원한 게 바로 저거였어!'라는 반응을 만들어내는 것이다"라는 문장이 있습니다. 여러분이 최근 느낀 불편은 무엇인가요. 그 불편을 다른 사람도 느끼나요. 지나치고 말았던 불편을 어떻게 해결할 수 있을지 고민해보는 건 어떨까요. 그렇다면 다른 사람으로 하여금 '내가 원한 게 바로 저거였어!'라는 반응을 끌어낼 수 있지 않을까요.

맛집에서 대기 시간을 보상하는 방법

맛집에서 입장 순서를 기다리는 일은 빈번합니다. 예전에는 종이 명부에 이름을 적거나 번호표를 뽑아 기다려야 하는 가게가 대부분이었습니다. 오래 기다리다 보면 손님은 지치고, 사장님은 미안해집니다. 줄이 너무 줄지 않을 때 사장님께 볼멘소리를 하는 손님도 있습니다. 그럴 때마다 사장님은 안절부절못하게 됩니다. 그래서 대기 시간 관리도 사장님의 일 중 하나라고 할 수 있죠.

이제는 가게 앞에 준비된 태블릿 PC에 연락처를 입력하면 알림을 보내줍니다. 디지털 서비스 덕분에 몇 팀이 대기 중인지 실시간으로 알 수도 있습니다.

'나우웨이팅'은 오래 기다리는 고객에게 '혜택'을 줄 수 있는 방법도 마련했습니다. 바로 기다리는 시간을 '할인 쿠폰'으로 보상해주는 것입니다. 대기 시간이 디지털로 기록되고, 등록한 전화번호로 가게 소식을 받을 수 있기에 가능해진 일입니다. 이를 경험하며, 1가지 아이디어가 떠올랐습니다. 다음 방문 때 사용할 수 있는 쿠폰보다 '오늘' 사용할 수 있는 쿠폰이면 어떨까 싶었습니다. '고객님, 오래 기다리게 해서 죄송합니다. 죄송하고 감사한 마음을 담아

2,000원 할인 쿠폰을 드립니다. 식사하신 뒤 계산할 때 제시해주세요. 조금만 기다려주시면 반갑게 맞이하겠습니다. 감사합니다'라는 메시지와 함께 말이죠.

물론 기다리느라 지치고 짜증 나는 기분이 모두 사라지지는 않지요. 그래도 기다리는 시간을 보상받았다는 생각에 기분이 살짝 누그러집니다. 가게 입장에서도 오래 기다리는 고객에게 마음을 전할 수 있고, 더 나아가 이탈 고객을 붙잡는 마케팅이 될 수 있습니다.

중국의 외식 브랜드 '하이디라오'는 고객이 기다리는 시간도 '즐거움'으로 만들어주기 위해 독특한 정책을 펼쳐서 주목받은 바 있습니다. 대기하는 동안 먹고 즐길 과자, 체스판이 준비되어 있습니다. 여성 고객에게는 네일 케어를, 남성 고객에게는 구두 닦기 서비스를 무료로 제공하기도 합니다. 식당 문 앞에서 기다리는 손님도 '고객'으로 바라보고 특별한 경험을 할 수 있도록 한 것입니다. 물론 하이디라오와 같은 대접은 사장님과 고객 모두에게 부담이 될 수 있습니다. 오래 지속하기 어려운 고객 경험이기도 합니다.

그럼에도 불구하고 가게 앞에서 기다리는 시간조차 '브랜드 경험'으로 바꿀 수 있다는 것을 이야기해보고 싶었습니다. 가게로부터 보상 쿠폰과 메시지를 받은 고객은 밖에서 기다리는 고객도 세심하게 신경 쓰는 디테일 넘치는 가게라고 인식하겠죠. 고객은 놀랍도록 민첩합니다. 작은 부분도 '경험'으로 인식합니다. 사소한 디테일을 갖춘 브랜드에 우리가 열광하는 이유이기도 합니다.

하차 벨은 있는데
승차 벨은 왜 없을까?

바깥 구경이 가능한 버스를 지하철보다 선호합니다. 하지만 버스를 탈 때 불편한 점이 있습니다. 비교적 한적한 버스 정류장에서 버스를 기다리다 보면 저를 못 보고 지나치는 버스가 있는가 하면, 버스가 정류장 근처에 다가오면 '탑승 원해요!' 시그널을 보내기 위해 팔을 내미는 등의 적극적인 행동이 필요합니다.

그때 들었던 생각이 바로 '승차 벨'이었습니다. 하차를 위해 누르는 하차 벨처럼 정류장에 승차 벨이 있다면 어떨까요. 탑승을 원하는 정류장의 승차 벨을 누르면 탑승 예정 승객이 있는 정류장을 버스 기사가 미리 인지할 수 있고, 승객 입장에서는 버스가 지나쳐 가지 않을까 걱정을 덜 수 있습니다. 또한 탑승 승객이 없는데 정류장에 무조건 정차해야 하는 비효율도 줄어들 것이라 생각했습니다.

이 아이디어를 실제로 도입한 정류장을 만날 수 있었습니다. 바로 경기도 버스 정류장입니다. 경기도는 국내 최초로 전체 시내버스 노선에 승차 벨을 적용했습니다. 제가 상상했던 것과 다른 부분은 정류장에서 승차 벨을 누르는 것이 아니라 앱을 활용한다는 것이었습니다. '경기 버스 정보' 앱에서 탑승 예정 정류장을 눌러 승차 벨을

터치하면 됩니다. 승차할 정류장 근처에 있어야 승차 벨을 누를 수 있도록 하여 실제 버스 승객만 서비스를 이용할 수 있도록 설계한 점이 돋보이기도 했습니다.

비비언 웨스트우드는 1970년대 런던 펑크 문화의 탄생 과정에서 중요한 역할을 하며 영국 패션계에 '혁명'을 일으킨 디자이너인데요. 그녀는 자신이 일으킨 패션 혁명에 관해 이렇게 말했습니다.

"일부러 혁명을 일으키고자 했던 것은 아닙니다. 왜 1가지 방식으로만 해야 하고, 다른 방식은 안 되는지 알고 싶었을 뿐입니다."

승차 벨에 '혁명'이라는 이름을 붙이기에는 거창하지만 '왜 1가지 방식(하차할 때 누르는 벨)만 있고, 다른 방식(승차할 때 누르는 벨)은 없을까?'라고 생각한 누군가가 있었기에 승차 벨을 만날 수 있게 된 게 아닐까요.

유튜브 보는 아이를 위한 식당의 배려

스마트폰은 에너지가 넘치는 아이들을 차분하게 만들어주는 놀라운 물건입니다. 아이들에게 스마트폰을 보여주고 싶지 않은 부모님들도 아이를 달래려면 스마트폰을 줄 수밖에 없다고 합니다.

롯데백화점 푸드코트에서는 아이들이 스마트폰을 볼 때 사용할 '유튜브용 독서대'를 마련했습니다. 실제로 여러 아이가 이 유튜브용 독서대를 이용해 유튜브를 보고 있었습니다. 아이를 동반한 가

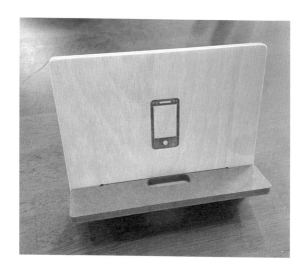

족 단위 손님에게 무엇이 필요한지 유심히 관찰한 정성이 느껴지는 디테일이었습니다.

　　가족 단위로 방문이 잦은 식당이라면 이 아이템을 구비해두면 어떨까요. 더 나아가서, 저가형 태블릿으로 아이들이 좋아할 만한 영상을 미리 준비해두고 필요한지 물어보는 것도 좋을 것 같습니다. 고객들은 '여기 센스 있네'라고 생각할 것이고, 아이를 세심하게 신경 쓰고 있다는 점에서 호감도가 살짝 올라갈지도 모릅니다. 유튜브용 독서대 하나, 태블릿 하나로 식당의 이미지가 좋아질 수 있다면 해볼 만한 시도가 아닐까요.

우리
중간에서 볼까?

친구들과 약속을 잡을 때 고민이 있습니다. 바로 약속 장소입니다. 특히 친구 모두가 제각각 다른 지역에 살고 있다면 어디서 보는 것이 좋을지 더 고민됩니다. 친구 모두가 편하게 볼 수 있는 중간 지역이 좋을 것 같은데, 어디가 중간 지역인지 궁금해집니다.

　그럴 때 이용할 수 있는 서비스가 바로 '야 중간에서 만나'입니다. 이용 방법은 간단합니다. 사이트에 들어간 뒤 친구 이름과 사는 곳을 입력합니다. 그런 다음 찾기를 누르면 모두의 중간 지점을 추천해줍니다. 게다가 중간 지점의 카페와 식당도 검색이 가능해서 구체적인 만남 장소를 정할 수도 있습니다. 예를 들면 "중간 지점인 스타벅스 XX점에서 만나!" 같은 대화가 가능해지는 것이죠.

　이와 같이 기발한 서비스를 보면 여러 생각이 듭니다. 사소하다고 느낀 불편을 누군가는 관심 있게 들여다봤고, 해결하고 싶었으며, 이를 멋진 서비스로 만들어 많은 사람의 불편을 줄여줬습니다. 그저 '멋지다'라는 말밖에 안 나옵니다. 그리고 더 많은 사람에게 이 서비스를 소개하고 싶어집니다. '더 많이 흥했으면' 하는 마음인 거죠.

　한편으로는 반성을 하기도 합니다. 나도 분명 느꼈던 불편인데

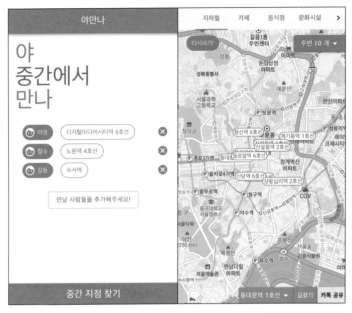

해결책을 찾아보려 노력하지 않았는지 말이죠. 기획자라면 늘 불편에 꽤 민감하게 반응해야 하는데, 그 감각이 무뎌지고 있는 것이 아닌지 돌이켜보게 됩니다.

이 서비스를 소개한 제 트윗이 약 1만 회 가까이 리트윗되며 많은 사람들에게 알려졌습니다. 아마 제가 이 서비스를 처음 발견했을 때 느꼈던 '신박함'을 많은 분도 느꼈기 때문일 것입니다. 그리고 그 이면에는 '이거 불편했는데 잘됐다' 하는 마음이 깔려 있으리라 생각합니다. 사소한 불편이더라도 모이면 거대해질 수 있습니다. 사소한 불편도 외면하지 말아야 할 이유이기도 합니다.

세탁도
드라이브 스루 시대

운전을 시작하면서 스타벅스, 맥도날드, 버거킹 등 드라이브 스루 전용 매장을 이전보다 더 자주 이용하게 됐습니다. 운전을 할 때면 주차를 하는 것도 일이기에, 주차할 필요 없이 음료 또는 음식을 픽업할 수 있는 드라이브 스루 서비스에 눈을 떴습니다.

'어반런드렛'은 세탁 매장에 드라이브 스루 기능을 더한 서비스로 주목받았습니다. 차에서 내리지 않은 채 세탁물을 직원에게 건네 맡길 수 있습니다. 맡긴 세탁물을 픽업하는 것도 가능합니다. 물론 이 역시 차에서 내리지 않은 채 말이죠. 또한 이곳은 24시간 무인 시스템을 갖추고 있습니다. 그래서 직원이 없는 늦은 밤, 이른 새벽에도 세탁물을 맡기거나 찾아갈 수 있죠. 차를 타고 와서 언제든지 세탁물을 맡기고, 받아 갈 수 있는 시스템을 갖춘 것입니다.

팬데믹 시기, 드라이브 스루가 어떻게 확장되는지 목격했습니다. 신속항원검사부터 신학기 교과서 배부, 백화점 온라인 구매 상품 픽업, 5성급 호텔의 고급 도시락도 드라이브 스루 형태로 제공되기 시작했습니다. 말레이시아에서는 결혼식도, 미국에서는 장례식도 드라이브 스루로 열렸다고 합니다.

　　드라이브 스루는 앞으로 더 다양한 곳에서 새로운 유통 방식으로 자리 잡을 것으로 조심스럽게 예측해봅니다. 가령 분식집에도, 치킨집에도, 빵집에도 적용될 수 있습니다. 물론 드라이브 스루 매장은 부지 확보가 중요해서 자본력을 갖춘 프랜차이즈 중심으로, 그리고 임대료가 상대적으로 저렴한 외곽 지역에서 먼저 실험적으로 시도될 것으로 생각됩니다. 세탁도 드라이브 스루가 되는 새로운 서비스를 경험하며, 어디까지 드라이브 스루가 적용될 수 있을지 상상력을 발휘해봅니다.

'와인 성지'로 소문난
동네 마트

건대입구역 주변에 살던 당시 자주 가던 식자재 마트가 있었습니다. 집에서 약 5분 정도 떨어진 거리라 자주 들르던 곳인데요. 동네 마트 중 가장 크기도 했고, 물건이 늘 시중가보다 저렴해서 알뜰살뜰 쇼핑이 가능한 곳이었습니다.

오랜만에 간 마트에는 새롭게 마련된 구역이 있었습니다. 바로 '와인 진열 냉장고'였습니다. '주간 할인 상품' 매대를 치우고 와인 진열 냉장고를 설치한 것입니다. 동네 마트와 어울리지 않아 보이기도 했지만, 마트 사장님의 사업 감각이 돋보였습니다. 점차 커지는 와인 시장을 알아보고 과감한 투자를 했기 때문입니다.

지금 이 마트는 '와인 성지'로 유명해졌습니다. 마트 이름을 검색하면 이곳의 인기를 다룬 뉴스 기사를 어렵지 않게 발견할 수 있고, 블로그 후기 역시 셀 수 없을 정도로 많습니다. 다양한 라인업, 저렴한 가격, 지역상품권 사용 가능, 24시간 운영 등이 이 마트를 와인 성지로 만들었습니다. 이런 인기 요인에 더해 와인 애호가들의 탄성을 자아내는 디테일이 더해졌는데, 그것은 바로 비비노(vivino) 평점이 가격표와 함께 표기되어 있다는 것입니다.

비비노는 전 세계 와인 마니아들이 모여 있는 커뮤니티입니다. 비비노에서 와인 애호가들이 매긴 와인 평점이 '좋은 와인의 기준'이 되고 있죠. 그래서 모르는 와인을 발견하면 비비노 앱을 열어 검색한 후 평점과 리뷰를 살펴보는 것이 와인 애호가 사이에서는 흔한 일인데요. 조양마트에서는 그런 번거로움 없이 단번에 와인의 평점을 알 수 있습니다.

이런 디테일 덕분에 와인을 잘 아는 고객뿐만 아니라, 저처럼 와인에 관해 잘 모르는 입문자도 와인을 쉽게 선택할 수 있습니다. 좋은 평점의 와인을 우선 마셔보면 와인에 관한 좋은 첫인상을 받을 수 있기 때문입니다.

리뷰와 랭킹 정보는 구매를 결정짓는 좋은 근거가 되기도 합니다. 리뷰 데이터를 잘 활용하는 곳이 바로 아마존 오프라인 서점 '아마존 북스'입니다. 온라인상의 리뷰 정보를 오프라인에 녹여내고 있죠. 교토에서 들른 한 잡화점은 랭킹을 잘 활용하고 있었습니다. 모든 카테고리에서 인기순으로 1등, 2등, 3등이 무엇인지 보여주고 있었죠. 일본어를 잘 모르는 저도 어떤 제품이 이 카테고리에서 인기 있는 제품인지 한눈에 알 수 있었습니다. 리뷰와 랭킹을 활용해 고객의 선택을 돕는 디테일이 더 많아졌으면 좋겠습니다.

031

밸런스포케

이 샐러드에 들어간
채소는 무엇일까?

샐러드를 '식사'로 먹곤 합니다. 이전에는 샐러드가 어떻게 밥이 될 수 있을까, 먹고 나면 배고프지 않을까 회의적인 편이었습니다. 다양한 샐러드 전문점이 등장하고 식사 대용 샐러드 제품이 출시되면서 샐러드도 충분히 식사가 될 수 있다는 것을 깨달았습니다.

성수동에 위치한 한 샐러드 가게도 저녁 식사를 위해 방문한 곳이었습니다. 점심을 다소 무겁게 먹어서 저녁은 가벼운 샐러드로 때우고자 했는데요. 샐러드 중에서도 하와이 날생선 샐러드인 '포케'를 한번 먹어보고 푹 빠졌던 터라 저녁 식사 메뉴로 선택했습니다.

'어떤 재료가 들어있을까?' 다양한 채소가 들어간 샐러드를 받으면 늘 궁금했습니다. 무엇인지도 모른 채 먹는 재료가 많았죠. 맛있다고 느낀 재료, 다소 입에 안 맞는 재료가 무엇인지 가늠하기 어려웠습니다. 너무 궁금할 경우 '이 재료 너무 맛있어서 그러는데 무엇인가요?'라고 직원에게 문의를 해야 했습니다.

하지만 이 포케집에서는 그럴 필요가 없습니다. 샐러드 그릇과 함께 그 안에 무슨 재료가 들어가 있는지 다음 사진처럼 심플한 방식으로 알려주고 있었기 때문입니다.

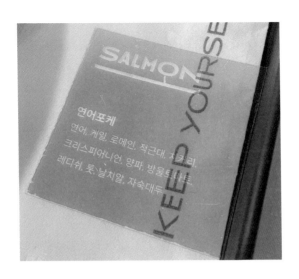

　내가 먹고 있는 재료가 무엇인지 알 수 있고, 만약 알레르기가 있는 경우 이를 미리 확인할 수 있어서 좋아 보였습니다. 또한, 이 샐러드를 만들어 먹고 싶을 때 어떤 재료로 만드는지 알 수 있는 레시피 정보가 되기도 합니다. 이 종이를 보며 '이렇게 집에서 만들어봐야겠다'라고 생각할 수 있는 것이죠.

　가끔 수많은 반찬이 나오는 한정식 가게를 가면 어떤 반찬인지 궁금할 때가 있습니다. 그럴 때 이 가게가 하는 것처럼 어떤 반찬이 포함되어 있는지 작은 종이로 함께 알려주면 어떨까요. 혹시 반찬을 별도로 판매하고 있다면, '판매 중' 표시를 붙여 구매로 이어지게 해보는 것도 좋을 것 같습니다. 큰 비용을 들이지 않으면서 고객의 궁금증은 즉각 해결해주고, 고객에게 친절하다는 인상을 줄 수 있는 사소하지만 효과적인 마케팅 디테일이라 생각합니다.

하나의 색만 쓰는
피자 박스

날씨가 좋은 어느 날, 올림픽 공원으로 소풍을 갔습니다. 소풍 음식 메뉴의 주인공은 바로 피자였습니다. 미리 앱으로 주문해서 주차장에서 받은 뒤 공원으로 들고 갔죠. 좋은 자리를 잡아 피크닉 매트를 펼치고 피자 판을 열어보는 순간, 문구 하나가 눈에 들어왔습니다.

'본 박스는 잉크 사용량을 줄이기 위해 1가지 컬러만으로 제작되었습니다.'

자세히 살펴보니 파란색 색상 하나만으로 피자 박스가 제작되어 있었습니다. 저는 이 브랜드의 피자 박스가 과거에는 다양한 컬러로 시선을 확 끌었던 기억이 납니다. 생각해보지 못한 친환경 방식이었습니다. 피자 박스에 들어가는 잉크를 줄여 환경을 보호한다는 발상 자체가 신선했죠. 피자를 먹기 전부터 맛있어지는 경험이었습니다. 이 브랜드에 관한 호감도가 올라가는 것은 당연했고요.

이 포장 박스는 도미노피자가 ESG의 일환으로 2021년 5월에 도입한 '도미노 에코 프렌들리 박스'입니다. 콩기름 잉크를 사용해 휘발성 유기 화합물 발생량을 최소화하고 재활용도 용이해졌죠. 1가지 색상의 잉크로만 인쇄해 잉크도 절약했습니다.

　　이는 소비 가치가 '나'에서 '공동체'로 향하는 시대적 흐름과 닿아 있습니다. 보다 윤리적인 소비를 통해 공동체에 해가 되지 않는 소비를 하고 싶어하는 소비자가 늘어났습니다. 이 때문에 환경을 외면하는 브랜드는 소비자의 외면을 받기 시작했습니다. 어떻게 하면 환경 오염을 줄일 수 있을지 '사업적으로' 고민해야 하는 시대가 왔습니다.

　　피자 포장재를 친환경으로 바꾸는 시도와 같이 친환경적으로 개선되는 모습을 상상하기 힘들었던 대상이 친환경에 한발 가까워졌을 때 소비자의 호감도는 급격히 올라갑니다. 제품뿐만 아니라 브랜드가 고객에게 제공하는 모든 아이템에 어떻게 '친환경' 요소를 심을 수 있을지 진지한 고민이 필요한 이유입니다.

책을 닦을 수 있는
물티슈

제 방에는 큰 책꽂이가 하나 있습니다. 이사를 할 때마다 책을 많이 정리하기도 했고 필요한 책 일부는 전자책으로 바꾸기도 했지만 '인생책'으로 여기는 책만큼은 여전히 종이책으로 간직하고 있습니다. 지금까지 수많은 인생책이 제 고민에 지혜를 던져줬던 것처럼 앞으로의 고민도 잘 부탁한다는 바람이 슬며시 반영되었죠.

종이책도 관리가 필요합니다. 책 위에 먼지가 쌓이기도 하고, 책이 뜻하지 않게 오염되는 경우도 있습니다. 그럴 때 즐겨 사용하는 것이 '물티슈'입니다. 다만 단점이 하나 있습니다. 바로 '물기'입니다. 종이에 물티슈가 닿으면 종이가 젖습니다. 말린 후에 구불구불해진 종이가 신경 쓰였습니다. 대안이 없다고 생각해서 단점을 알면서도 물티슈를 사용할 수 밖에 없었습니다.

그러던 어느 날, 트위터를 통해 '북티슈'의 존재를 알게 됐습니다. 북티슈는 책 전용 물티슈였습니다. 물기 대신 오일과 에탄올이 있어 책이 젖지 않고 깨끗하게 닦였습니다. 이 제품을 발견하고는 '유레카'를 외쳤죠. 불편이 있는 곳엔 반드시 해결책이 존재한다는 불변의 진리를 다시 한번 깨닫기도 했고요.

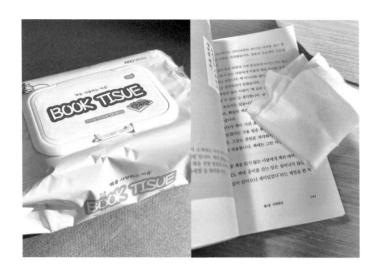

　　불편을 민감하게 느끼는 건 고객과 사용자를 만나는 직업인으로서 꼭 필요한 감각입니다. 그러니 일상 속에서 '어쩔 수 없지'라고 생각한 채 그냥 넘어가지 말아야겠다는 생각을 다시 한번 했습니다. 불편한 점(물티슈의 물기 때문에 책이 젖는다)과 해결하기 위한 방법(그렇다면 물기 없는 티슈는 어떨까?)을 꼭 고민해봐야겠다고 다짐했죠. 불편을 '당연하게' 느끼지 않고, 이조차도 해결할 수 있다는 점을 잊지 않기로 했습니다.

아이들을 위한
재미있는 화장실

운전을 시작하면서 교외의 아웃렛을 자주 가게 됐습니다. 차가 생기니 생활 반경이 확 넓어진 기분이랄까요. 살짝 유치하지만 어른이된 느낌마저 듭니다. 가고 싶은 곳을 내가 원할 때 언제든지 편하게갈 수 있다는 장점을 경험하며 '조금 더 빨리 운전을 시작할걸' 하는생각이 들기도 합니다.

남양주에 위치한 프리미엄 아웃렛 '현대 스페이스 원'도 가고싶은 곳 중 한 곳이었습니다. 갤러리 같은 아웃렛으로 소문난 이곳을 기회가 되면 꼭 가봐야겠다고 생각했죠. 그리고 드디어 남양주근처에 볼일이 생겨 스페이스 원을 들러보게 됐습니다.

주차를 한 뒤 화장실에 들러 손부터 씻었습니다. 코로나19로인해 생긴 손 씻기 습관이 몸에 밴 덕분에 어디를 가더라도 손부터씻습니다. 한창 손을 씻다가 옆 세면대를 흘깃 곁눈질했는데, 귀여운 악어 모양 수전을 보고 피식 웃음을 짓고 말았습니다.

악어 수전은 아이들이 흥미를 가지고 손을 씻을 수 있도록 하고있었죠. 실제로 한 아이는 '악어 입!'이라는 큰 외침과 함께 수전 끝을 잡아 물을 틀었습니다. 옆에 있던 아이의 아빠는 '악어가 입을 벌

렸네!'라는 말로 아이의 행동을 칭찬해줬습니다. 평범한 손 씻기가 아이에게는 '놀이'가 되었고, 이 작은 디테일 덕분에 이 부자는 색다른 추억 하나를 더 쌓은 채 이곳을 기억하게 될 것입니다.

디테일의 매력은 '추억'이기도 합니다. 함께 디테일을 경험한 사람들이 회자할 수 있는 이야기를 하나 던져주는 것이기 때문입니다. "이랬던 식당 기억나?", "그거 있던 카페 기억나?"의 '이랬던 식당'과 '그거 있던 카페'가 될 수 있는 것이 바로 디테일입니다. 다른 곳에서는 하지 못한 경험이 식당과 카페를 기억하는 특별한 장치로 작용하는 것입니다.

고객에게 오래 기억에 남는 곳이 되고 싶으신가요. 그렇다면 우리 오프라인만이 줄 수 있는 특별한 디테일을 만들어보는 건 어떨까요. 큰 비용을 들이지 않고 고객의 기억에 오래 남는 방법은 소소한 디테일이지 않을까 생각합니다.

035
마트킹,
패스트파이브

불만과 니즈에
손을 내미는 법

장보기를 좋아합니다. 온라인으로 물건을 주문할 수 있는 편리한 시대임에도 불구하고, 마트에 직접 가서 상품을 구경하며 고르는 맛이 있습니다. 어떤 제품이 새로 나왔는지, 사람들은 주로 어떤 제품을 장바구니에 담는지 직접 관찰하며 새로운 인사이트를 얻는 것을 좋아하는 것 같기도 합니다.

마트킹은 대용량 식자재를 취급하고 있어 식당을 운영하는 사장님이 즐겨 찾는 마트이기도 합니다. 대형 식자재 코너에 들어가면 모든 것이 '대형'입니다. 햄, 떡, 소스, 참기름, 고추장, 된장 등 음식 조리에 필요한 재료를 모두 대형 사이즈로 판매하고 있죠. 이 코너에는 다른 마트에서는 보기 힘든 큰 화이트보드가 하나 있습니다. 제목은 '이런 상품 입점을 요청합니다'입니다.

이 마트의 주요 고객 중 하나는 '식당 사장님'입니다. 식당 사장님이 원하는 식자재를 들여야 마트의 매출이 올라갑니다. 하지만 마트가 식당 사장님의 마음을 늘 완벽하게 알아차릴 수는 없습니다. 음식 조리에 필요할 것으로 보이는 식자재를 꾸준히 수급해 오기는 하지만, 마트에서 놓친 제품이 있을 수 있습니다.

　　그래서 이 마트는 식당 사장님들께 도움을 요청했습니다. 필요한 식자재가 있다면 우리에게 알려달라는 것이었죠. 그럼 고객 목소리에 귀 기울여 놓친 제품이 없는지 체크해보고, 원하는 제품 입점이 가능한지 살펴보겠다는 것입니다.

　　또한, 고객의 의견을 모으기 위한 방법으로 고객의 편의성을 고려한 '화이트보드'를 선택한 것도 인상 깊었습니다. 편지함을 운영하거나 노트에 적는 방식이 아니라, 고객이 편하게 보드마커를 들어 바로 적을 수 있는 화이트보드를 선택한 것이죠. 화이트보드 때문에 매장이 지저분해 보일 수 있습니다. 그럼에도 그 무엇보다 고객의 편의성을 가장 먼저 고려했고, 고객은 그 덕분에 화이트보드가 꽉 차도록 의견을 자유롭게 남길 수 있게 됐습니다. 또한 적혀 있는 다른 고객의 요청 사항을 보고 중복 요청을 줄이기도 하고, 다른 사장님들이 요즘 어떤 식자재를 찾는지 조사를 할 수 있기도 합니다.

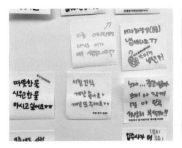
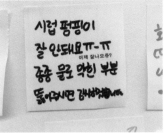

　이와 비슷한 장면을 또 다른 곳에서 마주쳤습니다. 미팅을 하러 삼성역에 위치한 공유 오피스 '패스트파이브'에 방문한 적이 있었는데요. 미팅을 마친 뒤 공유 오피스를 둘러보던 순간, 한쪽 벽면이 제 눈길을 사로잡았습니다. 그 포스트잇은 공유 오피스에서 일하는 고객의 불편 사항이었습니다. 공유 오피스 담당자가 그 포스트잇에 의견을 달아두고 있었습니다. 고객의 불만에 관해 공유 오피스 측이 어떻게 생각하고 있는지, 어떤 보완책을 준비하고 있는지 짧은 코멘트를 달아주고 있는 것이었죠.

　어떻게 보면 포스트잇에 적힌 불편은 공유 오피스의 '단점'입니다. 외부 손님도 자주 방문하는 공유 오피스 한쪽 벽면을 이렇게 활용하고 있는 것이 어떻게 보면 이미지 관리 측면에서는 좋지 않을 수 있습니다. 하지만 저는 오히려 좋은 인상을 받았습니다. 고객의 의견을 경청하고, 더 높은 만족도를 위해 애쓰고 있다는 느낌이 들었습니다. 각 잡힌 의견 수렴 방식이 아니라 더 좋았습니다. 누구나 불편한 점이 생기면 포스트잇에 적어 붙여두기만 하면 끝이었죠. '안녕하세요. 저는 ○○에서 일하고 있는 ○○입니다. 다름이 아니라…' 이렇게 메일을 보내는 듯한 커뮤니케이션이 필요 없습니다.

익명으로 제안할 수 있다는 점, 공개된 형태를 통해 CS의 중복을 줄일 수 있는 점도 돋보였습니다.

《프로세스 이코노미》(인플루엔셜, 2022)의 저자 오바라 가즈히로는 일본 온라인 쇼핑몰 라쿠텐에서 인기 있는 가게의 성공 법칙 중 하나를 '작은 실패를 공개하며 약점 드러내기'라고 말했습니다. 가게의 약점을 공개하면 고객 입장에서는 이 약점을 함께 보완해주고 싶다는 마음이 자연스럽게 들고, 그러면 고객과 주인은 같은 목표를 향해 걷는 '동료'로 관계가 전환된다는 것입니다.

마트킹의 화이트보드와 공유 오피스에 설치된 포스트잇이 이 법칙에 해당한다고 생각합니다. 가게에 재고가 없다고 부끄러워하지 않고, 가게의 '약점'을 솔직하게 공개했습니다. 공유 오피스의 불편 사항을 모두가 볼 수 있도록 공개하고, 빠르게 보완해나가는 방법을 택했습니다. 그렇게 고객과 브랜드는 서로 '동료'가 됐고 서로를 위하는 마음이 솟아납니다.

샤오미 CEO였던 리완창은 자신의 책 《참여감》(와이즈베리, 2015)에서 "참여감을 구축한다는 것은 제품, 서비스, 브랜드, 소매에 이르는 전 과정을 개방해 사용자의 참여를 이끌어내고, 사용자들이 직접 만져보고 소유할 뿐 아니라 사용자와 함께 성장하는 브랜드를 만들어가는 것"이라고 말했습니다. 고객의 참여를 이끌어내면 '함께 성장'하는 브랜드를 만들 수 있다고요. 고객에게 과감하게 손을 내밀어보는 건 어떨까요. 그 제안에 고객은 열렬히 화답하며, 고객의 목소리에 귀 기울이는 브랜드, 고객과 함께 성장하는 브랜드로 기억할 것입니다. 마트킹과 패스트파이브가 그런 것처럼 말이죠.

북카페만의 경험을 선사하는 유리컵

강릉 여행 1일 차. 오래전부터 가고 싶어 찜해둔 북카페에 마침내 왔습니다. 새벽부터 움직인 고단한 일정 탓에 늦은 오후가 되자 피로가 몰려왔고, 저녁 식사를 하기 전 잠시 북카페에서 휴식을 취하고 싶었습니다. 1층 카운터에서 음료를 주문하고 서점을 둘러보며 책 구경을 찬찬히 하고 있었습니다. 음료가 준비됐다는 말을 듣고 계산대로 향했죠. 계산대에서 건네주는 유리컵의 디테일은 이곳이 북카페라는 점을 상기해주었습니다. 컵에 책 문구가 쓰여 있었기 때문입니다.

이 디테일은 '인증샷'을 찍기에 참 좋았습니다. 평범한 유리컵보다는 책 문장이 새겨진 유리컵을 찍어 '북카페에 왔음'을 강조할 수 있었습니다. 실제로 저도 자연스럽게 사진을 찍었고, 열심히 유리컵 사진을 찍는 다른 고객의 모습도 볼 수 있었습니다.

유리컵에 글자를 새기는 데는 큰돈이 들지 않습니다. 저렴하고 사소한 디테일은 가게의 콘셉트를 고객에게 다시 한번 인식시키면서 SNS에 북카페 방문을 인증할 수 있는 '재료'를 만들어줬습니다. 또한, 의미 있는 문장을 고객에게 선물하면서 좋은 문장을 얻어 갈

수 있도록 했고, 더 나아가 그 문장이 담긴 책까지 발견하는 기회를 선사했습니다.

애플을 창업한 스티브 잡스는 "창의력은 연결하는 능력이다"라는 말을 했습니다. 북카페와 유리컵을 잘 연결한 덕분에 '책 문장이 새겨진 유리컵'이 나왔습니다. 사소해 보이지만, 북카페만의 창의적인 디테일이 나온 셈이죠. 이처럼 '연결'을 잘하는 것도 고객을 위한 디테일을 고민할 때 적용할 수 있는 기획법이라고 생각합니다. 연결만 잘해도 창의적일 수 있습니다.

비밀번호를 잊어버린
고객을 위한 한 마디

로그인 할 때 비밀번호가 기억나지 않는 일이 점점 잦아지고 있습니다. 특수문자, 숫자, 대문자, 소문자 등을 결합한 복잡한 비밀번호 설정이 '필수'인 서비스가 많아졌기 때문입니다.

　오랜만에 방문한 사이트에서도 비밀번호가 기억나지 않아 여러 차례 시도를 하다가 결국 '비밀번호 찾기' 메뉴를 클릭했습니다. 이메일로 임시 비밀번호를 보냈다는 안내 문구를 읽고 저도 모르게 한숨을 쉬었습니다. 이 과정이 귀찮아서인지, 아니면 비밀번호를 기억하지 못하는 제 자신이 미워서 그런 것인지 정확히는 모르겠지만 좋은 감정은 분명 아니었습니다. 하지만 메일함에 들어가 이 서비스가 보내준 메일 제목을 본 뒤 살짝 기분이 풀렸습니다. 바로 '걱정 마세요! 저희도 가끔 잊어버린답니다'라는 제목으로 보내준 비밀번호 재설정 안내 메일 덕분이었습니다.

　사소하지만 이 메일을 보고 위로를 받은 기분이 들었습니다. 지금 이 순간, 내 심정을 가장 잘 이해해준다고 느꼈습니다. 또 비밀번호를 기억하지 못하는 제 자신이 미워지는 자괴감도 조금은 덜었죠. 저만 그런 것은 아니라고 말해주는 한 줄 카피 덕분입니다.

> ### [퍼블리] 걱정마세요! 저희도 가끔 잊어버린답니다.
>
> **PUBLY** <hello@publy.co>
> 나에게 ▾

마더 테레사 수녀는 "위대한 행동은 없다. 위대한 사랑으로 행한 작은 행동만 있다"라는 말을 남겼습니다. 작은 행동이 모여 위대한 행동을 만든다는 의미입니다. 디테일도 비슷하다고 생각합니다. 작은 디테일이 하나씩 모이면 위대한 브랜드가 될 수 있습니다. 비밀번호를 잊어버린 고객에게 보낸 메일 제목같이 작은 디테일로 이 브랜드에 관한 호감이 급격하게 올라가게 된 것처럼 말이죠. 오늘도 작은 디테일을 생각해보게 되는 이유이기도 합니다.

038

오브젝트

이야기가 있는
물물 교환

성수동에 위치한 한 소품숍을 방문했습니다. 워낙 잘 알려진 브랜드라 오래전부터 지도 앱에 찜해둔 곳이었죠. 이곳은 감각적인 문구용품도 다수 판매하고 있는데, '문구 덕후'인 저로서는 들어가자마자 어디부터 구경해야 할지 고민이 될 정도였습니다.

문구에 홀려 찬찬히 가게를 둘러보던 중, 가게 한쪽에 위치한 특별한 섹션을 마주하게 됐습니다. 바로 '이야기가 있는 물물 교환' 섹션이었습니다.

서비스 이용 방법은 간단했습니다. '나에게 필요 없는 물건이 누군가에게는 필요할 수 있다'는 철학하에 다른 이의 사연이 담긴 물건을 내게 사연이 있는 물건으로 교환할 수 있습니다. 단순한 물물 교환이 아닌 이야기가 담긴 물건을 릴레이 방식으로 교환하는 것이죠.

제가 갔을 때 물물 교환에 나온 물건은 사연자가 취업 준비를 하다 힘들 때 떠났던 제주도 여행에서 산 팔찌였습니다. 그동안 스스로를 잘 돌보지 못했다는 마음에 '나'를 위해 구매했다는 팔찌였는데요. 이때의 소비 경험이 '나를 위해 무엇인가를 했다'는 뿌듯한 기분을 선물했고, 스스로를 다독일 수 있는 좋은 기회가 되었다고 합니다.

　물건을 바라보는 이 가게의 관점이 돋보였습니다. 물건을 진심으로 사랑하는 마음이 전해졌죠. 누군가에게는 더 이상 필요 없지만 누군가에게는 필요할 수 있는 물건을 잘 '연결'해주고 싶다는 바람이 전해지기도 했습니다.

　또한 일반적인 '물물 교환'이 아니라 '이야기가 있는 물물 교환'으로 콘셉트를 강화해서 자칫 평범할 수 있는 다른 이의 물건에 '가치'를 부여했습니다. '제주도 팔찌'가 아니라 '스스로를 다독여준 기회의 팔찌'로 거듭나면서 물건이 갖는 의미가 강화됐죠. 물건에 생명력을 불어넣는 재미있는 기획이라 할 수 있습니다.

　그리고 물건에 이야기를 입힌 덕분에 물건의 가치를 알아주는 사람에게 물건이 전달될 확률도 자연스럽게 높아졌습니다. 새로운 주인에게도 의미 있는 물건으로 자리 잡을 수 있도록 토대를 마련해 준 것입니다. 예를 들면, 취업 때 힘이 되어준 팔찌는 취업으로 힘들어하는 다른 누군가에게 전달될 확률이 크고, 새로운 주인에게도 이 팔찌는 힘을 주는 물건이 될 수 있습니다.

　　물건에 이야기를 담아 이 물건이 꼭 필요한 사람과 닿게 하는 일, 쓰임이 다한 물건에 생명력을 불어넣는 일, 버려지는 물건이 줄어 환경에 도움이 되는 일, 물건에 얽힌 이야기가 '큐레이션 콘텐츠'가 될 수 있는 일 모두, '이야기가 있는 물물 교환'이라는 소소한 섹션이 만들어내는 가치입니다.

포토 스폿에서 발견한
사진 편집 앱 포스터

인스타그램으로 '가볼 곳'을 찾는 사람이 많습니다. 특히 여행을 갈 때 인스타그램 검색은 이제 필수입니다. '#강릉여행', '#전주여행' 과 같이 가고 싶은 지역명에 여행을 붙인 해시태그로 다른 사람의 기록을 탐색하죠. 내 취향과 비슷하거나 이색적인 곳을 시각적으로 찾을 수 있어 매우 편리합니다. 고객이 '인증샷'을 건져갈 수 있는 환경을 갖추는 것이 중요해진 이유이기도 합니다.

강릉 여행 중 방문했던 한 복합문화공간 역시 '인증샷'으로 유명한 곳이었습니다. 야외 곳곳에 위치한 포토 스폿에서 찍은 사진은 인스타그램에서 이 지역의 대표 여행 사진으로 자리 잡았습니다. 이 사진을 본 고객은 '나도 이런 사진을 남겨보고 싶다'는 생각에 몰려들었고 포토 스폿 앞에는 긴 줄이 생겼습니다. 긴 줄을 보며 놀라고 있을 때, 대기줄 옆 벽면에 부착된 한 포스터가 제 눈에 들어왔습니다. 바로 '사진 편집 앱'을 알려주는 포스터였습니다.

인스타그램에서 다른 사람이 찍은 '인생 사진'을 보면 나도 이런 인생 사진을 남기고 싶다는 생각을 하게 됩니다. 그래서 실제로 인기 있는 인생 사진 포스트의 댓글을 보면 어떻게 촬영했는지, 어떤 앱으

로 찍었는지 물어보는 사람들도 어렵지 않게 발견할 수 있습니다.

이 관광지는 이런 고객의 궁금증을 미리 파악하고 '좋은 인증샷을 남기고 싶다면 이 사진 편집 앱을 사용해보세요!'라고 설명해주고 있었습니다. 관광지 입장에서도 좋은 일입니다. 멋진 사진이 나오고 이 사진이 SNS에 올라와야 그 사진을 본 또 다른 잠재 고객의 방문을 이끌어낼 수 있기 때문입니다. 인증샷을 찍을 수 있는 포토 스폿을 만든 것에 멈춘 것이 아니라 '최상의 인생 사진'을 찍을 수 있는 방법까지 알려주는 것을 보며 'SNS 인증샷 시대의 소소한 디테일'이 아닐까 싶었습니다. 인증샷을 위한 포토 스폿이 있다면 이곳에서 '최상의 인증샷'을 남길 수 있는 방법도 안내해보면 어떨까요. 어떤 사진 앱, 필터, 기능을 이용했을 때 최고의 '인생 사진'이 될 수 있는지 알려주는 것이죠. 사소한 안내가 고객의 자발적인 홍보로 이어질 것입니다.

040

두산 베어스

패자가 승자에게 보내는
메시지

2021년 프로야구 한국 시리즈 우승 팀은 'KT 위즈'였습니다. 결승 상대인 두산 베어스와 경기에서 4번 연달아 승리하고 창단 이후 첫 우승컵을 들어 올리며 가을 야구의 피날레를 멋지게 장식했습니다. 열성 야구팬은 아니지만 한국 시리즈 중계는 매년 놓치지 않았던 터라 KT 위즈의 우승을 실시간으로 지켜보며 저 역시 축하의 박수를 보냈습니다.

다음 날 아침. 집으로 배달 온 신문을 살펴보다가 한 지면 광고에서 눈길이 멈췄습니다. 그리고 그 광고를 본 뒤 뜻밖의 감동을 느꼈습니다. 그 광고는 바로 한국 시리즈에서 졌던 두산 베어스가 승자 KT 위즈에게 보낸 축하 편지였습니다.

두산이 보낸 편지에서는 '진심'이 느껴졌습니다. 경기에서 져서 안타까운 것이 아니라, 스포츠 정신으로 결과에 깨끗하게 승복하고, 승자의 우승을 진심으로 축하하는 편지였습니다. 이와 더불어, 고생한 두산 감독, 코치진, 선수, 그리고 팬에게 전하는 감사의 인사도 담겨 있었습니다.

이 광고의 비하인드 스토리는 손원혁 상무가 《매일경제》에 기고한 〈최고의 용기는 자신의 패배를 완벽하게 인정하는 것〉이라는 칼럼을 통해 알게 됐습니다. KT 위즈의 우승이 확정되는 순간, 두산 베어스의 구단주는 두산 담당 광고 회사에 연락을 했다고 합니다. 용건은 뜻밖이었습니다. KT 위즈의 우승을 축하하는 편지를 보내자는 것이었습니다. 광고 회사는 급히 편지 내용을 작성했습니다. 편지에 쓰일 사진은 전날 경기가 끝난 뒤, 두산 선수 및 코치진이 KT 위즈를 향해 박수를 치는 사진으로 골랐습니다. 그렇게 승리를 축하하는 편지는 신문을 통해 잘 전달되었습니다.

이 광고를 본 혹자는 진정성 없는 '이미지 메이킹'이라고 말할 수도 있습니다. 결국 브랜드 이미지를 강화하려는 얄팍한 목적이 아니냐는 것입니다. 일리 있는 지적이라고 생각합니다. 브랜드에 미칠 긍정적인 영향을 기대해야 큰 비용을 지출해서 지면 광고를 내보낼 수 있기 때문입니다.

하지만 이 모든 것이 쇼맨십이라 하더라도, 이런 쇼맨십이라면 자주 보고 싶었습니다. 스포츠 정신에 입각해 결과에 깨끗하게 승복하는 모습, 승자를 위해 진심으로 박수를 보내는 모습, 팬들에게 감사를 전하는 모습을 보면서, 어쩌면 이 당연한 모습들을 현실에서는 점점 경험하지 못하고 있는 것이 아닌가, 그래서 이런 광고가 뭉클함을 주는 것이 아닐까 싶었습니다.

'졌지만 잘 싸웠다'를 줄인 '졌잘싸'가 시대의 변화를 잘 보여줍니다. 이제는 승부에서 졌다고 무조건적인 비난을 일삼는 사람은 눈총을 받습니다. 경기에서 졌더라도 충분히 노력했고 즐겼으며 승자에게 멋진 축하를 건넬 줄 안다면 그 사람도 승자입니다. 2020 도쿄

올림픽에서 메달 획득에는 비록 실패했지만, 그 어떤 선수보다도 경기를 즐겼던 높이뛰기 선수 우상혁, 클라이밍 선수 서채현에게 대중이 열광한 이유가 바로 여기에 있습니다. '졌잘싸' 두산이 보낸 편지에 두산 팬은 물론 KT 위즈 팬, 더 나아가 야구를 즐기는 모든 이에게 감동을 전했습니다. 야구팬에게 사랑받는 디테일을 두산은 잘 알고 있습니다. 경기에 깨끗이 승복하고 '두 팀 덕분에 올가을, 행복했습니다'라는 말로 두산 베어스 팬, KT 위즈 팬 모두를 감싸 안는 카피가 그 디테일에 방점을 찍었고요.

띠지 뒷면에도
브랜드 철학을 담아보자

몰스킨 다이어리와 노트의 특징은 '띠지'로 감싼 형태입니다. 띠지에는 몰스킨 로고와 제품명, 내지 디자인 설명문이 있는데요. 몰스킨의 띠지는 고객이 원하는 목적과 디자인의 제품을 구매할 수 있도록 안내하고 있습니다.

　이 띠지에는 1가지 디테일이 숨어 있습니다. 바로 띠지의 '뒷면'입니다. 몰스킨 띠지 뒷면에는 늘 콘텐츠가 있습니다. 접어서 세울 수 있는 탁상 달력, 눈금이 그려진 자가 그려져 있기도 하고, 도어 걸이, 손가락 인형을 만들어볼 수도 있습니다. 심지어 해리포터 에디션 다이어리 띠지로는 지팡이를 만들 수 있기도 하죠. 몰스킨 제품을 구매한 뒤 띠지 뒷면을 살펴보는 것이 몰스킨 팬에게는 또 하나의 즐거움입니다. 몰스킨은 왜 띠지 뒷면을 이렇게 활용하고 있을까요. 몰스킨은 띠지 뒷면을 공식 용어로 'B-side'라 부르고 있습니다. 공식 홈페이지에는 다음과 같이 B-side를 소개하고 있는데요.

　'B-side는 몰스킨의 종이띠 뒷면을 말하며, 몰스킨 노트북과 플래너를 감싸는 포장입니다. 우리는 각각의 B면에 그래픽, 아이디어, 재사용 가능한 영감을 추가함으로써 이 공간을 최적화하고 낭비

를 줄이려고 노력하고 있습니다.'

몰스킨의 비전은 창조적인 활동을 돕는 도구를 제공한다는 것입니다. 그 비전을 제품뿐만 아니라 '띠지'에도 담았습니다. 띠지조차 창조적인 활동을 할 수 있도록 돕는 '도구'로 인식하고, 다양한 아이디어를 띠지 뒷면에 담은 것이죠.

뿐만 아니라, 환경을 생각하는 마음도 돋보입니다. 대부분의 띠지는 그냥 버려집니다. 많은 고객이 포장의 일부로 여기기 때문에 제품을 개봉하면 띠지를 버리죠. 하지만 몰스킨은 띠지 뒷면을 재사용하도록 '쓸모'를 부여했습니다. 디테일이 몰스킨의 브랜드 정체성을 강화하고, 환경 보호에 기여하는 것이죠.

몰스킨의 띠지 뒷면 디테일을 알게 된 이후로 포장을 뜯는 순간이 더 즐거워졌습니다. 이번에는 띠지에 어떤 디테일이 담겨 있을까, 기대하면서 포장을 뜯게 되기 때문입니다. 이는 저만의 반응은 아닌 듯합니다. 몰스킨 팬들의 제품 후기를 보면 띠지 뒷면 이야기가 빠지지 않고 등장합니다. 마치 띠지 뒷면이 몰스킨의 시그니처가 된 듯한 느낌마저 듭니다.

브랜드의 비전을 고객이 미처 생각하지 못한 영역에 담은 모습을 보며 몰스킨 브랜드의 위대함을 새삼 느꼈습니다. 그러면서 일상 속에서 버려지는 수많은 다른 포장지에도 얼마든지 브랜드 비전이 담기겠다는 생각도 합니다. 예를 들어, 아이들에게 즐거움을 주는 장난감 브랜드라면 포장 박스 역시 간단한 장난감을 만들 수 있도록 디테일을 담아보면 어떨까요. 아니면 환경을 해치지 않는 캠핑을 추구하는 캠핑 용품 브랜드라면 포장 박스로 냄비 받침 등의 간단한 캠핑 용품을 만들 수 있도록 하는 것도 재밌을 것 같습니다.

이런 제품을 경험한 고객은 그 브랜드를 오래 기억할 것이며 브랜드의 비전 역시 명확하게 인지할 것입니다. 또한 고객이 남기는 제품 후기에도 디테일이 언급되어 다른 브랜드 제품과 차별화될 수 있을 것입니다. 디테일은 결국 차별화를 만들어내는 것이고, 이는 경쟁이 치열한 '브랜드 포화 시대' 속에서 가장 효과적인 고객 소구점이 될 수 있습니다. 몰스킨 제품에 자꾸 손이 가고 띠지 뒷면이 궁금해지는 것처럼 말이죠.

집에서도 마치 바에 있는 것처럼

팬데믹 초기, 방역 강도는 그 어느 때보다 높았습니다. 사적 모임이 제한되어 만나고 싶은 사람을 만나지 못했고 오프라인 가게는 영업 시간제한과 더불어 일부 업종에는 집합 금지 명령까지 내려져 한동안 문을 닫아야 했죠. 함께하고 싶은 사람과 가고 싶은 곳을 자유롭게 누비는 당연했던 일상이 사라지는 것을 우리 모두가 경험했습니다. 헛헛했던 마음은 전 세계 많은 이가 느낀 공통적 감정이라는 생각이 들었습니다. 멕시코에 위치한 칵테일 바 'Maverick'이 선보인 'I miss my bar' 사이트에 많은 이들이 열광한 것을 보고 말이죠.

I miss my bar는 소리를 활용하여 마치 '바'에 있는 듯한 환경을 제공합니다. 가장 신선했던 부분은 바에서 들릴 법한 각종 소리를 섞어서 들을 수 있는 기능입니다. 바텐더가 일하는 소리, 손님들이 왁자지껄 수다를 떠는 소리, 비가 내리는 소리 등 7가지 사운드를 강약 조절하여 '내가 원하는 바' 분위기에 맞도록 설정할 수 있는 점이 독특했습니다. 정말 이름 그대로 '나의 바(My Bar)'를 연출한 것이죠.

이 사이트는 '집에서 바 느낌을 낼 수 있는 사이트', '혼술할 때 좋은 사이트', '혼자 있어도 혼자 있지 않게 해주는 사이트' 등의 특징

이 붙어 SNS에서 유행했습니다. 이를 보며 이 사이트를 만든 이의 서비스 감각에 감탄을 금치 못했습니다. 가고 싶은 바를 자유롭게 가지 못하는 이들의 불편함, 그럼에도 바에서의 감성만큼은 계속 경험하고 싶은 많은 사람의 니즈를 알아챈 뒤 이를 멋진 서비스로 만들어 제공했기 때문입니다.

'코로나'라는 초유의 사태가 만들어낸 서비스는 그 밖에도 많습니다. 코로나 확진자의 동선을 알려주는 '코로나맵', 코로나 확진 환자를 실시간으로 알려주는 '코로나 라이브', 마스크 판매하는 곳을 알려주는 '마스크사자' 등이 대표적입니다. 이 서비스들 역시 사용자의 불편함과 니즈에 민감하게 반응했고, 이를 심플함과 참신함이 깃든 서비스로 풀어냈습니다. 우리 주변에 불편한 것을 떠올리고 심플하고 참신한 해결책을 고민하는 것은 어떨까요. I miss my bar와 같이 멋진 서비스가 우리에게서 나올 수 있습니다. 불편함, 니즈, 심플함, 참신함. 저도 이 4가지 키워드를 세상을 바라보는 필터로 써봐야겠습니다.

043
왓챠

왓챠가 해리포터 팬을 위해
준비한 디테일

해리포터 팬이라면 누구나 알고 있는 '이름을 말해서는 안 되는 자'가 있습니다. 바로 '볼드모트'입니다. 시리즈 중 해리포터와 대립하는 악역이자 최종 보스인 볼드모트는, 마법사 대부분이 이 이름 자체에 공포를 느끼기 때문에 이름을 부르는 것도, 글로 쓰는 것도 모두 금기입니다. 많은 이들이 볼드모트라는 이름을 대신하여 '그 사람'이라고 부르죠.

왓챠는 해리포터 영화 전 시리즈를 자체 플랫폼에 공개하며 대대적으로 홍보했습니다. 하지만 오히려 제가 왓챠의 해리포터 공개 소식을 접한 건 대규모 홍보가 아닌 SNS에서 퍼진 디테일 때문입니다. 바로 왓챠 앱에서 '볼드모트'라는 이름을 검색했을 때 벌어지는 일이었습니다. '볼드모트'를 왓챠 앱에서 검색하면 진동이 강하게 울리면서 '그 이름을 불러선 안 돼!'라는 팝업이 뜹니다.

해리포터의 스토리 속 특징을 앱에 재밌게 녹인 이벤트였습니다. 이는 해리포터 팬에게 색다른 경험이 됐습니다. 이름을 말해서는 안 되는 그자를 왓챠 앱에서 한번 불러보고, 마치 다른 마법사에게 그 이름을 불러서는 안 된다며 제재를 당하는 듯한 경험을 하는

것입니다. 스토리 속 등장인물이 된 것과 같은 느낌을 받기도 하고, 하지 말라는 것이 있으면 더 하고 싶어지는 동심의 세계를 잠시 경험하기도 합니다.

이 디테일이 알려지며 왓챠를 구독하는 수많은 해리포터 팬이라면 한번씩 왓챠 검색창에 '그 사람'을 검색했습니다. 저 역시도 원 없이 '그 사람'의 이름을 불러봤습니다. 그리고는 이 반응을 주변의 해리포터 팬에게 자발적으로 알리며 공유했습니다. 왓챠 앱을 쓰고 있다면 '그 사람' 이름을 꼭 검색해보라고 말이죠. 이렇게 해리포터 팬이 다른 해리포터 팬에게 왓챠의 해리포터 공개 소식을 전하는 마케팅이 벌어졌습니다.

이렇게 앱 안에 재미있는 기능을 심어둔 것을 '이스터 에그'라고 합니다. 프로그램 개발자가 사용자에게 즐거움을 주기 위해 재미로 심어놓은 메시지나 기능을 가리키는데요. 왓챠가 이 이스터 에그를 해리포터 스토리와 잘 접목해 화제성을 만들어낸 것입니다. 이제는 앱이 브랜드에게 있어서 가장 많은 고객과 만나는 접점이 되어가고 있습니다. 고객에게 즐거움을 줄 수 있는 재밌는 이스터 에그를 앱에 심어보는 것도 디테일이 되리라 생각합니다. 영화 앱이라면 개봉하는 영화의 스토리 속 특징을 활용해 특정어를 검색했을 때 재미있는 메시지를 보여줄 수 있을 것 같습니다. 지도 앱에서는 SF 소설에 등장하는 가상의 공간을 검색했을 때 그곳의 지도를 보여주는 것도 재미있을 것 같고요. 고객이 재미를 느끼고, 자발적으로 홍보할 수 있는 앱의 깨알 재미, 깨알 디테일이 더 많아지면 좋겠습니다.

커피에
오늘의 운세를 붙인 이유

한 커피 브랜드의 테이크아웃 컵이 화제가 된 적이 있습니다. 언뜻 보기에는 일반적인 컵과 별반 다를 것이 없어 보여 무엇이 다른지 자세히 들여다보고 나서야 차이점을 발견하게 됐습니다. 바로 오늘 날짜와 함께 적혀 있던 '운세'였습니다.

사실 이 운세는 정확하지 않습니다. 생년월일 데이터가 없어도 오늘의 운세가 나오죠. 하지만 운세 하나가 커피를 받았을 때 경험을 다르게 만들었습니다. 커피를 마시기 전에 라벨을 먼저 살펴보고 운세를 확인하게 됩니다. 오늘 내 운세는 어떨지 궁금한 마음을 담아서 말이죠.

그 밖에도 오늘의 운세는 좋은 대화 소재가 되기도 합니다. 특히 단체로 왔을 때 효과 만점입니다. '○○ 님은 오늘 운세 뭐 나왔어요? 전 이거 나왔는데' 하면서 대화의 물꼬를 틀 수 있습니다. 운세가 아이스 브레이킹 소재인 셈이죠.

이 '운세'에 관한 고객의 후기는 블로그와 SNS에서 어렵지 않게 발견할 수 있습니다. 이 브랜드에서 알려준 오늘의 운세가 얼마나 맞았는지 이야기하는 글도 꽤 있고, 하루 운세가 궁금해서 아침 출근길마다 이 브랜드의 커피를 산다는 고객도 있었습니다. 좋은 운세가 나오면 라벨지를 떼어 따로 보관한다는 고객도 있었죠.

이처럼 커피 라벨지에 운세 하나를 추가하며 색다른 고객 경험을 만들어냈습니다. 커피를 받을 때 오늘의 운세가 어떨지 오묘한 기대감을 갖는 경험, 단체로 방문했을 때 대화 소재를 손쉽게 얻는 경험 말이죠. 덕분에 이 브랜드를 우선으로 선택하기도 합니다. 커피를 사려 할 때 기왕 운세까지 알려주는 가게를 선택하고, SNS에 하루를 기록할 때도 이 브랜드가 제공한 오늘의 운세를 언급하며, 운세 결과와 나의 하루가 얼마나 잘 맞았는지 빗대어 보기도 합니다. 커피 컵에 운세 하나를 추가했을 뿐인데 벌어진 신기한 일들입니다.

이 운세가 더 정교해진다면 멋진 경험을 만들어낼 수 있으리라 생각합니다. 이 브랜드는 앱을 통한 주문 서비스도 지원합니다. 회원 가입 시 생년월일 정보를 받아서 앱으로 주문했을 때 더 정확한 운세를 알려주면 어떨까요. 그렇다면 이 브랜드의 앱을 자발적으로 설치하고 주문할 때마다 사용하지 않을까요. 사용자가 앱을 설치하고 사용하게 만드는 건 정말 어렵기로 정평이 난 일이지만 의외로 간단한 재미로 이끌어낼 수 있겠습니다.

O45

성남시

잘 만든
지자체 현수막

버스에 몸을 싣고 바깥 구경을 하면서 이동 중이었습니다. 사거리에서 버스가 잠시 멈출 때 현수막 하나가 눈에 들어왔습니다. 그리고 곧바로 스마트폰을 꺼내 들어 이 현수막을 찍었습니다. 보기 드물게 잘 만들어진 지자체 현수막이었기 때문입니다.

이 현수막은 코로나로 인해 힘든 분들을 위해 지자체가 마련한 '성남형 연대 안전 기금'을 알리는 내용이었습니다. 그 내용을 현수막 가장 왼쪽에 강조해서 표기했습니다. 이를 통해 복지 정책의 이유와 맥락을 알렸습니다. 전체의 콘셉트를 소개하며 더 궁금할 경우 키워드로 검색하면 추가 정보를 얻을 수 있다고 명확하게 알린 것이죠.

그 옆으로는 컬러를 다르게 사용하여 5가지의 하위 개념을 인지시켰습니다. 그리고 박스 구성을 3단으로 구성하여 상단은 타깃, 중단은 정책 이름, 하단은 신청 기간으로 구성했습니다. 이로써 누구에게, 무엇을, 언제, 어떻게 전달하는 것인지 명쾌하게 보여줬습니다. 꼭 알려야 하는 내용으로만 구성해서 보기 좋은 디자인으로 만든 현수막이라 할 수 있었습니다.

지자체 현수막도 결국 고객을 위한 서비스라 생각합니다. 여기

서 고객은 시민이죠. 어쩌면 실생활에서 꼭 필요한 서비스가 지자체 서비스일 수 있습니다. 현수막이 단순한 '정책 홍보물'의 소재가 되는 것이 아니라 고객(시민)을 위한 '서비스'로 인식되기를 바랍니다. 지자체 현수막도 충분히 고객을 사로잡을 수 있습니다.

그늘막 커버 카피의
디테일

사거리에서 횡단보도를 건너기 위해 기다리던 중이었습니다. 보고 있던 스마트폰을 주머니에 넣은 뒤, 신호등 신호가 바뀌길 기다리다가 눈에 들어온 카피 하나가 있었습니다. 바로 횡단보도 옆 그늘막 커버에 쓰인 카피였습니다.

아무런 카피가 없는 평범한 그늘막 커버를 사용할 수도 있었을 것입니다. 하지만 성동구는 시민들을 위한 '감성 카피'를 준비했습니다. 내년 봄에 다시 만나자는 말로 그늘막 서비스의 '휴업'을 부드러운 말투로 알렸습니다.

평범한 커버를 준비하는 것이 훨씬 쉬운 일입니다. 하지만 커버를 시민과 만나는 '접점'으로 생각하고 메시지를 담은 아이디어가 저에게는 인상 깊은 디테일로 다가왔습니다. 주변기기 액세서리 전문 브랜드 '슈피겐'에서 구매한 제품의 박스를 뜯을 때가 떠올랐습니다. 박스 옆에는 작은 글씨로 이렇게 쓰여 있는데요.

'Something You Want!'

이 카피를 본 순간 제품에 관한 기대감이 샘솟았습니다. 그렇게 만난 스마트폰 케이스는 당연히 반가울 수밖에 없었고요. 그늘막 커버의 카피, 박스 옆에 적힌 카피는 '없어도' 아무런 문제가 없습니다. 하지만 누군가는 이 부분을 '그냥' 넘어가지 않았습니다. 쉽게 할 수 있는 일임에도 고객 지향적으로 더 고민하여 새로운 경험을 만들어내는 브랜드를 보면 그 담당자가 누구일지 궁금해집니다.

쉽게 할 수 있는 일을 그저 쉽게만 하고 있는 것은 아닌지 스스로 돌아봤습니다. 쉽게 할 수 있는 일을 어렵게 고민하는 태도가 디테일을 챙기는 기본이라는 생각을 다시 한번 해봅니다.

무더위를 위한
꽁꽁 음료

너무 더웠던 여름, 시청 앞을 걸어가는 중이었습니다. 시원한 음료를 마시고 싶어 카페를 찾아 거리를 배회하던 중, 한 가게 앞에 놓인 아이스박스를 목격했습니다. 아이스박스 안에는 얼음으로 꽁꽁 얼린 '꽁꽁 음료'가 들어 있었습니다.

이를 보고 사진을 찍었던 이유는 크게 2가지입니다.

첫째, 지나가는 고객을 사로잡는 마케팅이 기발했기 때문입니다. 찌는 듯한 더위 속을 걸어가는 행인을 사로잡기 위한 마케팅 포인트로 아이스박스를 통째로 내놓고 꽁꽁 얼린 음료를 넣어 행인에게 노출하는 전략이 돋보였습니다.

둘째, '얼린' 음료를 파는 것이었습니다. 이런 더위 속에서는 얼음이 든 음료를 마시더라도 금방 미지근해집니다. 그래서 여름철 관광 명소를 가면 얼린 물을 판매하는 가게를 어렵지 않게 볼 수 있습니다. 얼린 물을 넘어서 얼린 음료를 도시 한복판의 길가에서 만나게 된 것입니다.

일본 이자카야 업계의 전설이자 수많은 사업가를 길러낸 '장사의 신' 우노 다카시는 저서 《장사의 신, 대박의 비책》(유엑스리뷰, 2020)

에서 인기 있는 가게와 파리 날리는 가게의 차이는 소소하게나마 차별화할 수 있는 포인트를 궁리하고 실행에 옮기려는 오랜 노력의 결과로부터 온다고 말했습니다.

얼린 음료를 아이스박스에 담아 행인을 겨냥한 마케팅, 직관적인 제품 이름. 이런 소소하지만 차별화할 수 있는 포인트가 시선을 사로잡는 상품의 비결 아닐까요. 인기 있는 가게, 구매를 이끌어내는 가게는 분명 뭔가 다릅니다.

물방울이 테이블과 고객 옷 위에 떨어지지 않도록

부산의 한 식당에 들어가 메뉴판을 펼쳐 메뉴를 고르고 있었습니다. 그때 한 직원이 와서 컵과 함께 반 정도 언 물병을 전해줬는데요. 여느 식당과 같은 풍경이었지만 병 놓는 위치가 조금 특별했습니다. 컵은 제 앞에 놓았지만, 물병은 테이블 사이드에 놓여 있는 그릇 안에 놓았습니다. 이 행동에 분명 이유가 있을 것이라 생각하며 물병을 들어본 순간, 그릇 아래에 깔린 수건을 발견했습니다.

이렇게 담은 이유는 다름 아닌 물병 겉에 맺힌 물방울이 테이블이나 손님 옷 위로 떨어지는 것을 막기 위해서였습니다. 시원한 물을 마시다가 겉면에 맺힌 물방울이 아래로 떨어지는 것을 경험해보신 분이 많을 텐데요. 물방울이 가방이나 옷, 핸드폰에 묻으면 기분이 좋지 않습니다. 뿐만 아니라 물을 따르려고 물병을 집어 들면 밑에 가득 맺힌 물방울이 반찬과 밥 위에 떨어질 수도 있습니다. 식탁에 물이 흥건해지면 반찬 그릇이 저절로 움직이기도 하지요. 이 식당에서는 수건이 깔린 그릇 위에 병을 세워서 물방울이 떨어지는 것을 최소화했습니다. 거창한 비용을 들인 장비 없이도 작은 관심 하나만으로도 고객에게 편의를 제공하는 센스가 느껴졌습니다.

물병을 어떻게 제공하는지에 따라서도 고객 입장에서는 여운이 남을 수 있다는 점을 깨달은 경험이었습니다. 당연한 것에 불편함은 없는지 더 들여다봐야 하는 이유라는 생각도 들었고요.

주차 금지를
우아하게 알리는 방법

가게 앞에 놓인 주차 금지 표지판을 쉽게 볼 수 있습니다. 가게 앞에 주차가 되어 있으면 가게가 가려지기도 하고 가게에 입장하는 손님의 동선이 불편해질 수도 있습니다. 또한 물품을 들여야 할 때도 불편하죠. 그래서 많은 가게가 주차 금지 표지판을 세워둡니다.

하지만 부산 시장에서 만난 한 가게 앞의 주차 금지 안내 표지판은 조금 색달랐습니다. 바구니 안에 꽃을 담아 가게 앞에 배치한 것이었는데요. 보면 자연스레 기분 좋아지는 꽃을 통해 은은하고 우아한 방법으로 자동차 운전자에게 부탁하고 있는 점이 인상 깊었습니다. 더불어 지나가는 행인의 눈도 잠시 즐거워집니다. 운전자뿐만 아니라 가게 앞 미화, 지나가는 행인 모두를 위한 '일석 삼조'의 주차 금지 표지판이었습니다.

가게 앞 주차를 두고 가게 사장님과 운전자 사이에 다툼이 자주 일어납니다. 가게와 운전자가 서로 조금씩 양보를 해야 하는 일이라면, 부산의 이 가게 앞 '꽃바구니'처럼 조금은 덜 강경하고 조금은 더 아름다운 방법으로 안내해보면 어떨까요. 다음 사진에서는 그 어디에도 '주차 금지'라는 말이 없습니다. 그럼에도 가게 앞에 주차를 하

지 말아달라는 가게 사장님의 부탁이 고스란히 잘 전달되죠. 말 한 마디로 천 냥 빚을 갚을 수 있는 것처럼, 어떻게 말하느냐에 따라 듣는 사람의 행동이 달라질 수 있습니다. 아름답게 말하면 아름다운 답을 들을 수 있는 것처럼 말이죠.

자주 바뀌는 방역 규칙이
헷갈리지 않도록

팬데믹 상황 초기였던 2020년에는 방역 수칙이 많은 업종에 일괄 적용되기도 했고 경각심도 컸던 상황이라 방역 수칙을 인지하기 쉬웠습니다. 하지만 업종별로 점점 세분화된 방역 수칙이 적용되고 상황에 따라 자주 바뀌면서 헷갈리는 일도 많아졌습니다. '오늘은 몇 명까지 모일 수 있을까', '가려는 가게는 방역 패스가 필요한 곳일까', '취식은 할 수 있을까', '영업 제한 시간이 몇 시까지일까' 등이 궁금했지만 단번에, 알기 쉽게 해답을 얻을 수 있는 곳이 없었습니다. 공공기관은 보기 힘든 표로 자료를 제공했고 포털 사이트에서도 시시때때로 바뀌는 방역 수칙에 관해서는 공공기관 홈페이지나 공식 블로그로 연결해주는 것에 그쳤습니다.

이때 혜성같이 등장해 큰 인기를 얻은 사이트가 바로 '오늘의 방역'입니다. 오늘의 방역은 현 시간 기준으로 장소별로 어떤 방역 수칙이 적용되고 있는지를 실시간으로 알려줍니다. 예를 들면 영화관에 가고자 했을 때 영화관을 선택하면 몇 시까지 하는지, 방역 패스가 의무인지, 취식이 가능한지 등을 단번에 알 수 있습니다.

이 사이트 덕분에 방역 수칙을 헷갈리는 일이 사라졌습니다. 업

종 카테고리를 눌러 방역 수칙을 확인하면 끝나기 때문입니다. 사이트 하나 덕분에 전국의 가게 사장님들이 전화를 몇 통씩은 덜 받았을 것입니다. 이 사이트는 네이버 직원들이 자주 바뀌는 방역 수칙이 헷갈려서 만든 사이드 프로젝트로 알려졌습니다. 많은 사람의 불편함을 캐치하고 이를 해결하기 위해 자발적으로 재능을 기부한 이들이 존경스럽기까지 했습니다. '헷갈린다'는 문제점에서 그친 것이 아니라, '헷갈리는 것을 어떻게 해결할 수 있을까'로 생각을 이었고, '오늘의 방역'이라는 구체적인 결과물을 만들어내는 놀라운 실행력을 보여준 것입니다.

　일본의 한 식당은 '밥 반 공기'를 도입했습니다. 밥은 먹고 싶은데 한 공기는 많은 것 같아 주저한 경험이 누구에게나 있을 것입니다. 이를 가게 사장님은 '밥 반 공기'라는 메뉴로 만들어 선보였습니다. 손님들은 부담 없는 양과 가격으로 밥을 먹을 수 있게 됐고, 가게는 매출을 올릴 수 있었습니다.

문제 발견에서 한발 더 나아가는 '해결'도 디테일이라 생각합니다. 더 많은 해결사가 등장하면 좋겠습니다. 그리고 우리 모두 해결사가 될 수 있습니다. 많은 사람의 불편함이 무엇인지, 그리고 이를 해결하기 위해서는 어떻게 할 수 있을지 생각하는 연습을 해보는 것은 어떨까요. 그렇다면 '오늘의 방역'이나 '밥 반 공기' 같은 멋진 결과물도 만들어낼 수 있으리라 생각합니다.

사진 속 그림자가
사라지는 기술

2022년 2월, 삼성전자의 프리미엄 스마트폰 라인인 '갤럭시S'의 신제품이 출시됐습니다. 출시년도를 딴 '갤럭시S22'가 그 주인공인데요. 이때 공개한 갤럭시S22의 기능이 SNS에서 큰 화제가 됐습니다. 바로 '그림자, 빛반사 지우기' 기능이었습니다.

이 기능의 공식 명칭은 'AI 지우개'입니다. 사진을 찍다 보면 카메라를 든 손의 그림자가 함께 찍히는 경우가 있습니다. 그래서 그

림자가 잡히지 않도록 카메라를 멀리 잡거나 살짝 비스듬한 각도로 찍습니다. 이 때문에 원하는 구도로 사진을 찍기 어려울 때가 많죠. 하지만 갤럭시S22의 '그림자 지우기' 기능을 이용하면 한결 편해집니다. 자연스럽게 사진의 그림자를 인식하고, 그림자만 쏙 제거해 주기 때문입니다.

그림자뿐만 아니라 반사되는 빛도 지울 수 있습니다. 사진을 찍다 보면 유리창 또는 특정 제품에 빛이 반사되는 경우가 있는데요. 저의 경우는 미술관에서 작품을 찍을 때 주로 그렇습니다. 유리 액자에 조명이 반사되어 보이는 것인데요. '빛반사 지우기'를 선택하면 자연스럽게 사진 속에 반사된 빛이 사라집니다.

사진을 찍을 때마다 그림자와 반사된 빛 때문에 불편했습니다. 마음에 든 사진이었는데도 그림자와 반사된 빛 때문에 사용하지 못할 때가 많았죠. 하지만 '어쩔 수 없이' 생기는 것이기 때문에 이 불편을 감수해야겠다고 생각했을 뿐입니다.

하지만 누군가는 이 불편함에 집중했습니다. '그림자와 빛반사를 자동으로 제거할 수 있는 기능이 있으면 어떨까?'가 이 기능 개발의 시작이었을 것입니다. 스마트폰 사용자를 지켜본 결과이고, 해결 방법을 기술(AI)에서 찾았습니다. 기술 회사가 선사할 수 있는 디테일인 셈입니다.

최고의 마케팅은 제품이라고 생각합니다. 제품이 훌륭하면 마케팅을 따로 할 필요가 없습니다. 좋은 제품은 사용자가 자발적으로 주변에 소문내기 때문이죠. 그리고 좋은 제품은 고객의 디테일을 단단하게 챙긴 제품이라 생각합니다. 소문을 내려면 감흥이 있어야 하고, 그 감흥은 사소한 부분에서 나오는 경우가 많기 때문입니다. 제가 갤럭시S22에 관심 갖게 된 이유도 '그림자&빛반사 삭제 기능'이라는 디테일 덕분이었습니다. 그리고 이 디테일에 감명받은 한 사용자가 올린 트윗이 갤럭시S22를 널리 알렸습니다. 자발적으로 마케팅이 되는 제품을 만들기 위해 어떤 디테일을 챙길 수 있을지 생각해보게 됩니다.

052

세븐일레븐

플라스틱 얼음컵이
환경을 해친다면

편의점에서 얼음컵을 구매해본 적이 누구나 한번쯤 있을 것입니다. 시원한 음료를 간단히 마시고 싶을 때 음료와 얼음컵을 같이 구매하는 사람들이 많죠. 특히 더운 날씨에는 얼음컵이 더욱 잘 팔립니다. 하지만 얼음컵을 이용하면 죄책감이 들기도 합니다. 바로 사용하고 나서 버려지는 '플라스틱' 때문입니다. 하지만 이제 죄책감을 조금은 덜 수 있게 됐습니다. 세븐일레븐에서 편의점 업계 최초로 종이 재질로 만들어진 아이스컵을 출시했기 때문입니다. 바로 '에코얼음컵'입니다.

에코얼음컵은 FSC 산림 인증 종이를 사용해 분리수거가 가능합니다. 일반 종이류로 버리면 되죠. 또한 에코얼음컵에 사용된 '솔코트' 코팅이라는 소재는 일반 종이컵 대비 수분투과율이 30% 이상 낮아 내수성이 뛰어납니다. 그래서 일정 기간 내용물 보존이나 온도 변화에도 물성 변화가 거의 나타나지 않는다고 하는데요. 종이로 만들어져 있어 컵 겉면이 흐물흐물해질 걱정을 할 필요가 없습니다.

이 에코얼음컵이 더욱 인상 깊었던 점은 기존 아이스 얼음컵과 같은 가격이었다는 것입니다. 같은 가격이라면 이왕 환경에 더 좋은

에코얼음컵을 사용할 수 있도록 고객의 소비 행동을 유도하고 있는 것이죠. 보통 친환경 제품이 일반 제품보다 높은 가격에 판매되어 가격 경쟁력이 다소 떨어지는 모습과는 달랐습니다.

에코얼음컵에 관해 다른 고객들은 어떻게 생각할까. 후기를 살펴보니 좋은 반응을 얻고 있었습니다. '같은 가격이면 다홍치마라는 생각에 에코얼음컵을 골랐다', '아이스컵이 필요하다면 이 에코얼음컵을 파는 편의점으로 가겠다' 등의 의견이 있었습니다. 편의점마다 큰 차이가 없었던 아이스컵이 친환경을 입자 편의점 브랜드의 시그니처 상품이 되었고 환경을 중요하게 생각하는 고객의 방문을 유도했습니다.

《플라스틱은 어떻게 브랜드의 무기가 되는가》(미래의 창, 2021)의 저자인 연세대학교 경영학과 김병규 교수는 플라스틱 문제가 더욱 더 중요한 사회적 이슈로 발전하고 소비자들이 기업과 브랜드를 평가하는 가장 중요한 기준이 될 것이라고 전망하며 MZ세대 소비자들은 진실한 브랜드를 원한다는 점을 강조했습니다. 새로운 세대는 윤리적인 운영과 마케팅을 요구합니다. 특히 환경 문제를 적극적으로 해결하려고 나서는 브랜드를 응원하죠. 진정성 있는 브랜드의 제품을 소비함으로써 자신의 정체성을 드러내기도 합니다.

이 편의점 브랜드의 에코얼음컵을 들고 가는 분이 있다면 흘깃 쳐다보며 이렇게 생각할 것 같습니다. '환경을 생각하는 사람이네'라고 말이죠. 친환경도 분명 제품을 차별화하는 디테일이 될 수 있고 더 나아가 구매를 결정짓는 제품 경쟁력이라는 사실을 새삼 깨닫게 됐습니다. 우리는 친환경적 사고가 선택이 아닌 필수인 시대를 맞이하고 있습니다.

053
네이버

환경을 생각하는
폰트

문서를 출력할 때 잉크 사용량을 줄여주는 폰트가 따로 있다는 사실, 알고 계신가요. 포털 사이트 네이버가 네덜란드의 에코 폰트(EcoFont B.V.) 사와 기술 제휴를 통해 공개한 '나눔 글꼴 에코'가 바로 그 주인공입니다.

원리는 이렇습니다. 나눔에코는 글자 중간중간에 미세한 구멍이 뚫려 있습니다. 이 구멍 안으로 잉크가 번져서 빈 구멍이 채워져 글씨가 완성됩니다. 종이로 출력할 때 잉크가 살짝 번진다는 것을 활용한 재미있는 아이디어죠. 최대 35%까지 잉크를 절약할 수 있으며 폐기 잉크 카트리지는 물론 잉크 제작 과정에서 발생하는 이산화탄소까지 줄일 수 있습니다. 이른바 '친환경 글꼴'인 셈입니다.

이 기술을 개발한 에코 폰트의 접근 방식이 인상적이었습니다. 우리가 흔히 사용하는 잉크는 독성이 매우 강해 환경에 치명적이며, 카트리지는 분해되는 데 최대 450년이 걸린다고 합니다. 오래 사용할 수 있거나 재사용할 수 있는 카트리지를 만드는 것이 환경에 꼭 필요하지만, 잉크 제조업자는 카트리지 판매가 주 수익원이기에 친환경에 적극적으로 나서기 어렵습니다.

그래서 에코 폰트는 '하드웨어'가 아닌 '소프트웨어'로 환경을 지키기로 했습니다. 카트리지 자체를 바꾸는 것이 아니라, 카트리지를 덜 사용할 수 있는 '폰트'를 친환경적으로 만들었죠. 그 결과, 기존과 비슷한 품질을 유지하면서도 잉크 사용을 줄였습니다.

이 기술은 오래전에 개발됐습니다. 잉크젯 프린트 사용이 많이 줄어든 지금은 예전보다 별 효과가 없을 수도 있죠. 하지만 제가 인상 깊게 봤던 건 '접근 방식'이었습니다. 하드웨어 개선이 힘들자 소프트웨어 개선으로 선회했고 결과적으로는 하드웨어 개선과 비슷한 효과를 가져왔기 때문입니다.

IT가 일상생활에 깊숙이 들어오며 소프트웨어로 해결이 가능한 문제도 많아지고 있습니다. 그동안 하드웨어로 해결하기 힘든 문제였다면 소프트웨어로 방향을 돌려서 고민해보시는 건 어떨까요.

이메일 주소를
편하게 입력하도록

카카오뱅크의 히트 상품은 '26주 적금'입니다. 26주 동안 설정한 금액만큼 매주 금액을 늘려가며 적금을 하는 상품인데요. 매주 금액을 늘려나가면서 저축하는 재미, 26주가 흐른 뒤 목표 금액을 달성하여 뿌듯함을 느낄 수 있는 것이 인기 포인트입니다. 그래서 저도 꼭 필요한 곳에 돈을 쓸 일이 있다면 26주 적금을 만들어 자주 애용하고 있습니다.

얼마 전, 만기를 채워 새롭게 26주 적금에 가입하기 위해 가입신청서를 앱으로 작성하던 중이었습니다. 가입 약관에 동의하고 이메일을 입력하려는 순간 독특한 사용성을 발견하게 되었습니다. 이메일 아이디에 이어 @를 입력하자 주로 쓰는 이메일의 도메인이 화면 아래에서 올라오는 창으로 바로 띄워지고, 그중에 하나를 선택하니 입력이 끝나는 것이었습니다. 기존에는 이메일을 입력할 때 다음과 같은 유형이 있었습니다.

① 이메일 주소 전체를 직접 입력해야 하는 케이스
② 셀렉트 박스를 누른 뒤 도메인을 선택하는 케이스

　　당연히 ②가 ①보다는 편합니다. ①은 이메일을 입력하는 데 많은 시간이 소요되고 잘못 입력할 가능성도 높아져 서비스와 유저 모두에게 최선의 방식은 아닙니다. 하지만 ②에는 아래와 같은 사용 과정이 필요합니다.

Ⓐ 셀렉트 박스를 눌러 이메일 주소를 펼친다(박스 터치).
Ⓑ 박스 내 스크롤을 내려가며 도메인을 살펴본다(구체적인 지점까지 스크롤).
Ⓒ 도메인을 선택한다(셀렉트 박스 내에서 선택).

　　이처럼 총 3번의 액션이 필요합니다. Ⓑ가 생략되더라도, 최소

2번의 액션이 필요한 셈입니다. 모두 화면의 정확한 지점을 눌러야 하고 자판으로 아이디를 입력하다가 이메일 주소 입력을 위해 화면 중앙으로 손가락을 옮겨야 하는 동선도 요구됩니다. 하지만 카카오뱅크에서 이메일 주소를 입력할 때는 액션과 시간이 줄어듭니다.

카카오뱅크에서는 최대 2번의 액션만 필요합니다. ⒝와 ⒞로 끝나죠. 기존 3번의 액션이 2번으로 줄어든 것입니다. 이런 사용성을 보면 얼마나 집요하게 사용자를 관찰하고 조금이나마 더 나은 사용자 경험을 위해 얼마나 고민하고 있는지 느껴져서 IT 기획자로서 감탄할 따름입니다. 사용자의 터치를 한 번이라도 더 줄여줄 수 있는 기획자가 되고 싶습니다.

더 씻으라고 말하는 시계

코로나19 초기, 손 씻기가 개인 방역의 최우선 과제로 떠오르면서 애플이 애플워치에 업데이트한 기능이 하나 있습니다. 바로 '손 씻기 타이머'입니다.

애플워치를 차고 있는 상태에서 손을 씻으면 자동으로 인식하고 20초 타이머가 시작됩니다. 20초를 채우지 못하면 손을 더 씻으라는 안내 문구가 나오죠. 더 놀라운 건 집에 도착했을 때 몇 분 이내에 손을 씻지 않으면 손 씻기 알림을 보내주는 기능입니다. 그야말로 '코시국(코로나 시국)'에 잘 어울리는 최신 기술이라 할 수 있습니다.

손씻기 타이머의 작동 원리는 소리와 동작 센서입니다. 물소리를 인식하고 애플워치의 움직임이 '손 씻기'와 유사하다고 판단되는 경우 '손 씻는 중'으로 인식하죠. 그러다 물소리와 동작센서가 멈추면 손 씻기를 중단했다고 판단하고 20초가 되지 않았으면 손을 더 씻으라고 유도합니다.

애플워치가 이 기능을 처음 선보인 것은 아닙니다. 삼성의 스마트워치와 웨어러블 브랜드 '핏빗'도 손 씻기 타이머 기능을 선보인 바 있습니다. 전 세계 웨어러블 1위 브랜드인 애플이 이 기능을 전격

도입함으로써 스마트워치가 손 씻기에 활용되는 경험을 많은 고객이 체험할 수 있게 됐습니다.

애플워치가 코로나19를 맞이해 새롭게 도입한 또 하나의 기능은 '애플워치를 통한 잠금 해제'입니다. 얼굴을 인식해서 잠금 화면을 여는 기능이 '마스크'라는 복병을 만나게 되자 애플이 업데이트한 기능이죠. 스마트폰을 잠금 해제할 때 애플워치를 착용하고 있다면 자동으로 잠금이 해제되도록 했습니다.

영국의 철학자이자 작가 앨런 와츠는 "변화를 이해하는 유일한 방법은 거기에 뛰어들어 함께 움직이고 함께 춤추는 것이다"라는 말을 남겼습니다. 스마트워치 기술은 '코로나19'라는 변화를 잘 이해하고 함께 움직였습니다. '충분히 손을 잘 씻었나?' 헷갈리는 고객을 위해 20초 타이머를 제공했고, 집에 도착해서 손 씻기를 잊어버린 고객에게는 손 씻기 알림을 보내줬습니다. 또한 마스크 때문에 스마트폰 잠금해제에 불편함을 겪는 고객을 위해 스마트워치를 보조 인증 수단으로 삼아 불편함을 줄여줬습니다.

새로운 변화에는 새로운 불편함이 따르기 마련입니다. 불편함을 브랜드 자산으로 해결하려는 시도, 변화와 함께 움직이려는 용기가 고객의 선택을 받을 수 있지 않을까요. 얼마나 기민하게 고객의 니즈를 파악해서 대안을 만들어내는지도 관건일 것입니다.

제품 박스 뒷면에
놀거리를 담아보자

제일 좋아하는 라면을 고르라면 주저 없이 농심 육개장 사발면을 꼽습니다. 입이 짧은 제게 딱 적당한 양이기도 하고 특유의 얇은 면발, 계란맛 어포, 소용돌이 맛살, 쇠고기맛 국물이 딱 제 취향이기 때문입니다. 1982년에 출시된 제품이 한결같이 많은 고객에게 사랑받는 것을 새삼 대단하게 느끼면서 주기적으로 구매하고 있습니다.

워낙 좋아하는 라면이다 보니 대량으로 구매하는 일 또한 잦습니다. 육개장 사발면 6개가 포장된 박스가 양심상 허용 가능한 대량 구매의 마지노선입니다. 나름 기호와 건강 그 사이의 절충안인 셈인데요. 6개입 박스의 뒷면을 살펴보면 소소한 재미 요소 하나를 발견할 수 있습니다. 바로 봉지라면과 컵라면 디자인을 보고 라면 이름을 맞히는 퀴즈였는데요. 박스를 버리려다가 우연히 발견했습니다. 퀴즈에 등장한 라면은 모두 농심에서 출시된 라면입니다. 놀거리를 제공하며 자사 제품도 함께 알리는 소소한 디테일을 박스에 담아둔 것이죠.

인터넷으로 더 자세히 조사해보니, 라면 24개가 들어 있는 큰 박스 뒷면에는 라면 이름을 맞히는 초성 퀴즈가 준비되어 있다고 합

니다. 퀴즈에 관한 고객 후기도 어렵지 않게 발견할 수 있었습니다. '분리수거 하려다가 우연히 발견해서 풀었다', '아이들과 함께 퀴즈를 맞혀보는 시간을 보내서 좋았다', '농심 라면이 이렇게 많은지 처음 알았다' 등의 의견을 만날 수 있었습니다.

　　아무도 신경 쓰지 않을 법한 '박스 뒷면'에 놀거리를 몰래 숨겨둔 농심의 디테일이 조금은 통한 것 같습니다. 버리려는 박스 뒷면도 살펴보는 이상한 습관이 제게 생겼으니까요.

057

다인테이블

안 먹는 식재료를 공유하는 냉장고

트위터에서 신기한 냉장고를 발견했습니다. 바로 '그린 냉장고'라는 이름이 붙은 초록색 부스 안 냉장고인데요. 이 냉장고는 신기하게 '길가'에 덩그러니 놓여 있었습니다. 어떤 용도로 사용되는 걸까 호기심이 생겨 자세히 살펴본 뒤, 기발한 아이디어라는 생각이 들었습니다. 그린 냉장고는 집에서 먹지 않는 음식이나 식재료를 다른 사람과 나누는 공유 냉장고였습니다.

누구든지 집에서 먹지 않는 식재료를 이 냉장고에 자유롭게 넣어둘 수 있습니다. 반대로 식재료가 필요한 사람은 누구든지 자유롭게 가져갈 수 있죠. 게다가 식재료를 가져온 사람은 음식의 무게에 따라 포인트를 받은 뒤 이를 현금화할 수 있습니다. 또한 주변 가게에서 포인트를 쿠폰처럼 활용하는 방안도 준비 중이라고 합니다. 먹지 않고 보관 중인 음식과 식재료를 그린 냉장고에 기부할 만한 충분한 이유가 만들어지는 셈이죠. 그 덕분에 냉장고 선반 다섯 칸이 꽉 차는 경우도 잦습니다. 대용량으로 구매했다가 남아서 처치 곤란인 통조림 식품, 햇반, 과자, 건강보조식품 등이 여기에 맡겨지는 중입니다.

그린 냉장고를 만든 스타트업 기업 '다인테이블'이 주목한 사회
적 문제는 '음식물 쓰레기'입니다. 환경부에 따르면, 전체 음식물 쓰
레기의 약 13% 정도는 보관만 하다가 버리는 식재료와 먹지 않은
음식물이라고 합니다. 내게는 필요 없지만, 필요한 사람에게 가서
쓰이면 음식물 쓰레기가 줄어들 수 있죠. 그린 냉장고와 같은 음식
공유 프로그램이 처음 등장한 것은 아닙니다. 구청이나 복지 시설에
서 운영하고 있는 프로그램이기도 하죠. 하지만 주택가에 놓여 있다
는 접근성, 음식을 기부하는 사람에게 제공하는 리워드, 필요한 사
람이 즉시 가져갈 수 있는 구조 등이 돋보이는 아이디어였습니다.

해외에서도 폐기 식품 문제를 위한 아이디어가 많습니다. 대표적인 사례가 바로 '인스톡 레스토랑'입니다. 네덜란드에 위치한 마트인 '알버트 하인'은 유통 기간이 임박해 폐기 처리될 위기에 처한 식자재를 활용할 수 있는 방법이 없을지 고민했습니다. 그 결과, 알버트 하인은 인스톡 레스토랑을 오픈합니다. 마트 내 유통 기간이 임박한 식재료를 인스톡 레스토랑의 음식 재료로 활용해 소비되도록 한 것입니다.

공유 냉장고가 당면한 과제도 있습니다. 상한 음식을 맡기고 가는 사람 때문에 피해를 입는 사람이 등장할 수 있습니다. 특정 소수가 보관된 식재료를 싹쓸이할 수 있고, 도난과 같은 문제가 발생할 수도 있습니다. 더운 여름에는 자주 열리는 문 때문에 냉장고 온도가 높아져 식재료 보관이 힘들어질 수도 있습니다.

이런 부작용 때문에 그동안 지자체와 복지 시설에 한해 음식물 공유 프로그램이 있었습니다. 이 숙제를 잘 해결한다면 음식물 쓰레기를 줄이는 데 크게 이바지할 것이라 생각합니다. 그리고 이런 좋은 의미의 프로그램이 오래 유지되려면 고객의 선의도 중요합니다. 그린 냉장고는 고객의 불편함을 넘어서, 사회의 불편함, 지구의 불편함을 해결하기 위해 등장한 아이디어니까요.

책장에서 책을 읽을 수 있는 책장 데스크

서점을 좋아합니다. 새로운 책을 발견하는 재미, 서점 특유의 차분하고 평온한 분위기, 책장에서 내뿜는 종이 냄새가 좋습니다. 그래서 여유가 될 때마다 서점에 들러 시간을 보내곤 하는데요.

이날도 그런 날 중 하루였던 것으로 기억합니다. 약속을 앞두고 잠깐 시간이 뜨게 되어 가까운 서점을 방문했습니다. 찬찬히 서점을 둘러보던 찰나, 신기한 모양의 책장이 나란히 자리 잡고 있는 것을 발견하게 됐습니다. 바로 책장이면서도 '책상' 역할도 함께 하는 책장이었습니다. 서가에서 책을 뽑은 뒤 그 자리에서 바로 편하게 읽을 수 있도록 책장 중간에 책상 역할을 하는 판이 하나 덧대어 있는 것입니다.

서점에는 책을 읽는 사람이 많습니다. 책장 앞에 서서 읽는 사람, 오래 서 있기가 힘들다며 바닥에 앉아서 책을 읽는 고객도 있습니다. 대형 서점은 이런 고객을 위해 책상과 의자를 곳곳에 배치해서 편의를 제공하고 있죠. 이 서점의 특별한 책장도 고객이 보다 편하게 책을 읽을 수 있도록 배려하기 위해 등장한 아이디어라고 생각합니다.

　책장에 판 하나 덧댄 것에 불과해 보였지만 생각보다 편리했습니다. 들고 있는 책을 잠시 내려놓고 다른 책을 구경할 수 있는 점, 책을 들고 보지 않아도 되는 점, 조금 더 깊게 읽고 싶을 때 앉을 자리를 찾아보지 않아도 되는 점, 천장 조명과 가까운 위치에 있어 밝은 조명으로 읽을 수 있는 점이 장점으로 꼽혔습니다. 또한 이렇게 책을 읽으니 앉아 있을 곳이 마땅치 않을 때 바닥에 앉아 읽을 필요가 없어져서 서점 미화에도 좋아 보이고 통로를 지나가는 고객의 불편도 줄여주는 듯 보였습니다.

　책장 가운데 판 하나 덧댄 작은 아이디어가 책을 구경하는 고객, 책을 읽고 싶은 고객의 마음을 사로잡는 흥미로운 디테일이 되었다는 생각이 들었습니다. 이 아이디어와 더불어 서점에 있으면 좋겠다고 평소에 생각했던 디테일도 하나 있습니다. 바로 '물품 보관소'입니다. 가방, 외투, 짐 등을 보관할 수 있는 캐비닛이 서점 입구 안쪽에 놓여 있다면 어떨까요. 미술관에 가면 물품을 캐비닛에 셀프로 보관하는 서비스처럼 말이죠. 두 손이 자유로워지면 그만큼 더 많은 책을 자유롭게 볼 수 있을 테고 그렇게 되면 내게 맞는 책을 발견할 확률도 더 높아지지 않을까요. 책을 사랑하는 고객을 위한 서점의 디테일이 더 많아졌으면 좋겠습니다.

횡단보도 앞에서
잠시 쉬어갈 수 있도록

'모르는 것을 모르지 말자'라고 종종 되새깁니다. 저에게 해당되지 않아서 또는 제가 겪고 있는 상황이 아니라서 '모르는 것이 무엇인지 조차 모르는 일'을 최소화하고 싶은 바람입니다. 주변을 더욱 열심히 관찰하려는 것도 이런 이유 때문입니다.

처음 동네 횡단보도 앞에 이 시설물이 설치됐을 때, 이 시설물의 용도가 무엇인지 감이 전혀 오지 않았습니다. 벤치같이 보이기도 했는데, 횡단보도 바로 앞에 저런 벤치가 꼭 필요할까 싶은 생각도 들었죠. 하지만 곧 제가 모르는 것을 몰라왔다는 것을 깨달았습니다. 바로 횡단보도를 마주하는 어르신의 마음입니다.

이 시설물에는 횡단보도 앞에서 신호를 기다릴 때, 어르신들이 잠시 쉬어갈 수 있는 의자가 달려 있었습니다. 어르신들은 오래 서 있기 힘든 경우가 많습니다. 그래서 횡단보도 신호 대기가 불편한 경우가 많은데요. 신호를 기다리기도 불편하다 보니 일부 어르신들은 '무단횡단'이라는 위험한 행동을 하기도 합니다. 그래서 횡단보도 앞에서 잠시 앉아서 쉴 수 있는 횡단보도 앞 '디테일'이 만들어졌습니다.

더 자세히 알아보니, 횡단보도 앞에서 잠시 쉬어갈 수 있는 시설물은 전국 곳곳에 설치되고 있었습니다. 2019년 남양주 경찰서에서 처음 선보인 '장수 의자'가 대표적입니다. 한 경찰관의 아이디어로 등장한 장수 의자는 설치, 사용 그리고 관리까지 쉬워 보였습니다. 신호등 기둥에 설치가 가능했고 사용 공간도 최소화되어 보행자 동선과 겹치는 일도 적어 보였습니다. 게다가 사용하지 않을 때는 접어두면 되니 효율성 측면에서도 좋아 보였고요. 이 장수 의자는 좋은 아이디어로 소개되어 지금은 대전, 구리, 청주 등 다양한 도시에서도 접할 수 있다고 합니다.

더불어 일본 여행 때 목격한 엘리베이터 안 의자도 떠올랐습니다. 엘리베이터 모서리에 원목 의자가 설치되어 있었는데요. 의자를 소개하는 'Have a little break'라는 문구에 피식 웃었던 기억이

납니다. 엘리베이터에 오래 서 있기 힘든 어르신, 환자, 임산부, 어린 아이를 위한 배려의 의자였습니다.

실제로 제 동네에 설치된 횡단보도 앞 의자에도 어르신들이 자주 앉아 계셨습니다. 어르신에게 유용한 디테일로 다가간 것입니다. 이를 보며 다시 한번 생각했습니다. 내 상황이 아니라서 모르는 다른 사람의 불편이 의외로 더 많을 수 있겠다는 것을 말이죠. 관심 폭을 넓히고 사회 현상을 꾸준히 들여다보며 세상에 관심을 기울이는 일이 기획자로서 꼭 필요하다는 것을 새삼 깨달았습니다. 비록 어르신은 아니지만, 어르신을 위한 디테일까지 잘 기획할 수 있는 기획자로 성장하고 싶습니다.

음식에 어울리는
와인 고르기

와인은 '취향의 시대'를 대변하는 주류입니다. 주류 카테고리 중에서도 가장 세분화된 카테고리가 바로 와인이죠. 취향의 시대로 향하면서 와인은 주류 카테고리의 핵심 상품이 됐습니다. '홈술'이 늘어나면서 집에서도 분위기 내며 술을 마시고 싶어하는 사람이 많아진 것도 와인의 인기에 한몫했습니다. 그렇게 와인에 빠져드는 사람이 늘었고 와인 대중화가 본격적으로 시작됐습니다.

식사 모임이 있을 때 와인을 선물로 들고 방문하는 일도 자연스럽게 늘었습니다. 이때 센스를 더하는 방법은 함께 먹을 음식에 곁들이면 좋을 최적의 와인을 사 가는 것입니다. 하지만 저같이 와인을 잘 모르는 사람은 어떤 와인이 어떤 음식과 잘 어울리는지 몰라 와인 선물은 주저하는 경우가 많습니다.

하지만 성수동을 둘러보다 우연히 발견한 이 가게에서만큼은 그런 걱정이 필요 없어 보였습니다. 와인을 잘 모르는 사람도 얼마든지 와인을 쉽게 구매할 수 있도록 배려하고 있었는데요. 와인의 맛을 크게 4가지 종류로 나누어 놓은 것은 물론, 각 와인에 잘 어울리는 음식을 와인명과 함께 표기해두었기 때문입니다.

만약 친구와 함께 오늘 밤 ○○을 먹기로 했다면 그 음식과 잘 어울린다고 적힌 와인을 들고 가는 것입니다. 꼭 선물용이 아니어도 괜찮습니다. 모처럼 집에서 와인 한잔하고 싶은데 오늘 저녁에 감자전을 먹을 예정이라면 감자전에 어울리는 와인을 사서 가보는 것이죠. 와인을 친숙한 맛으로 소개하면서 와인과 잘 어울리는 '음식'까지 추가 정보로 제공한 덕분에 와인 선택의 고민을 크게 줄여주고 있었습니다.

저는 이 사례를 보면서 전문적인 영역에 새로 입문하고 싶어하는 고객을 위해서는 어떤 디테일을 챙길 수 있는지 배웠습니다. 와인 매대를 보면 산지 기준으로 분류하고 와인 맛을 전문 용어로 설명하는 경우가 많습니다. 이럴 때 입문자는 혼란에 빠집니다. 쉽게 선택할 수 없어 포기하는 상태에 이르죠.

'지식의 저주'라는 말이 있습니다. 자신이 아는 것을 상대방도 안다고 여기는 인식의 왜곡을 말합니다. 지식의 저주에 빠진 전문가는 자신도 모르게 그들에게는 쉽지만 일반인에게는 어려운 설명을 쏟아내죠.

성수동의 이 와인 가게는 지식의 저주에 빠지지 않았습니다. 초보자도 첫 시도를 충분히 해볼 수 있도록 전문적인 설명은 잠시 내려놓고 누구나 이해하기 쉬운 방식으로 고객에게 다가갔습니다. 그 결과 더 많은 와인에 관심 있는 고객을 만들 수 있었습니다. 제 경험상 전문가가 가장 돋보일 때는 어려운 분야나 내용을 알기 쉽게 설명해줄 때였습니다. 더 쉽게 설명하기 위한 노력이 우리 모두에게 필요합니다.

친구는 지금
어디쯤 왔을까

약속 시간이 임박하면 친구와 이런 대화를 주고받습니다.

"어디쯤 왔어?"

"어, 이제 출발해."

일부 자동차 브랜드에서 제공 중인 실시간 위치 공유 서비스처럼 서로의 위치를 실시간으로 공유해주는 서비스가 있으면 좋겠다는 생각이 들었습니다. 출발할 때 위치 공유를 설정하면 상대방이 어디쯤 왔는지 계속 물어보지 않아도 되니 편리할 듯했죠. 제 아이디어를 들은 친구가 놀란 표정으로 말했습니다.

"이미 카카오맵에 있어."

정말 그랬습니다. 카카오맵에서는 공유 시간을 설정한 뒤 위치를 공유하면 상대방이 제 위치를 실시간으로 볼 수 있습니다. 카카오맵은 2019년 11월에 이 기능을 선보였습니다. 더 이상 카카오톡으로 "어디쯤 왔어?"라고 물어볼 필요가 없어졌죠. 약속 장소 가까이 왔지만 찾아오지 못하는 친구에게 "거기 그대로 있어"라고 말한 뒤 친구가 있는 곳으로 찾으러 갈 수도 있죠. '주변에 뭐가 보여?', '큰 건물 이름 말해봐'와 같은 대화가 불필요해집니다.

이 기능의 후기를 살펴보니 흥미롭게도 단체 등산객이 유용하게 사용하고 있다고 합니다. 등산을 하다 보면 거리 차가 자연스럽게 생기는데요. 이 기능을 이용하면 일행이 현재 등산로 어디쯤 오고 있는지 실시간으로 알 수 있는 것입니다. 또한, 함께할 때 거리 차가 생기는 자전거 라이더에게도 유용한 서비스이며 밤늦은 시각 지인의 안전 귀가를 확인하는 목적으로도 사용된다고 합니다.

조금 유치한 비유일지 모르지만 기술은 불과 같습니다. 잘 사용하면 맛있는 요리를 만들고 몸을 데우는 수단이지만 잘못 사용하면 모든 것을 태우는 화마로 이어지죠. 이러한 위치 기능은 서로의 위치를 손쉽게 공유할 수 있지만 사생활 노출의 우려도 있습니다. 카카오맵은 이를 보완하기 위해 최대 1시간까지만 위치를 공유하도록 설정하는 디테일도 반영했습니다. 고객이 예상치 못한 피해를 입기 전에 예상하고 방지하는 것도 기획자의 일일 것입니다. 고객을 위해 등장한 서비스가 오히려 고객을 해하면 안되기 때문입니다.

062

플롭

세상에 하나뿐인
피자

'세상에 하나뿐인 것'은 그 자체로 특별한 의미를 지닙니다. 희소성이 만들어내는 가치 때문이죠. 그리고 희소성은 보통 직접 만들거나 전문가에게 특별 주문 제작을 할 때 생깁니다. 예를 들면 특별 주문한 케이크, 나만을 위한 맞춤 양복 등이 대표적이죠. 이러한 제품은 '세상에 하나밖에 없는 것'으로 누군가에게는 환산할 수 없는 특별한 가치를 지니게 됩니다.

우연히 SNS에서 독특한 피자를 하나 보게 됐습니다. 일반적인 원형의 피자 모양이었지만, 피자 위 토핑 모양이 조금 특별했습니다. 바로 페퍼로니 햄으로 '레터링'이 된 피자였습니다. 간단한 방식으로 피자도 케이크와 같이 특별한 의미를 담는 음식이 될 수 있고 세상에 하나밖에 없는 것이 될 수도 있다는 것을 느꼈습니다. 케이크에 자주 사용되는 '레터링'을 피자에 접목한 것, 그리고 레터링 재료가 페퍼로니 햄인 점도 재미있었습니다.

세계적인 마케팅 구루 세스 고딘은 이런 말을 했습니다.

"평균은 안전하게 느껴지지만 실제로는 전혀 안전하지 않다. 평균이라는 건 결국 '눈에 보이지 않는다'는 것이다. 평균이 되고자

하는 것, 그것은 포기의 또 다른 이름이다."

　　이 피자 가게는 평균 그 '이상'을 고민했습니다. 그래서 '맛있는 피자'라는 평균에 레터링이라는 '이상'을 얹었습니다. 이로 인해 음식에 의미가 더해졌고, 희소성을 만들어냈습니다. 그리고 평균 이상 덕분에 고객의 선택도 잇따를 것입니다. 만약 의미 있는 날에 피자를 주문해야 한다면, 조금 멀리 있더라도, 웨이팅을 해야 하더라도, 레터링을 해주는 이 피자집에서 주문할 생각을 먼저 하게 되는 것처럼 말이죠.

063

런던 히스로 공항

런던 공항에서 마주한
보틀 필링 스테이션

텀블러를 들고 다니는 사람을 점점 더 많이 발견하게 됩니다. 저도 가급적이면 텀블러를 이용하는 편입니다. 일회용 컵 사용을 줄일 수 있고 일부 카페에서는 음료 가격 할인도 해주기 때문입니다. 또한 텀블러를 간단히 씻을 수 있는 공간이 카페 내에 마련된 곳도 있어 텀블러 생활이 점점 더 편해지고 있습니다.

텀블러를 이용할 때마다 생각나는 추억이 있습니다. 런던 여행 시 히스로 공항에서 봤던 '보틀 필링 스테이션(Bottle Filling Stations)' 이 그 주인공입니다. 말 그대로 '병'을 물로 채울 수 있는 장치입니다. 2017년 히스로 공항이 영국의 브랜드인 'MIW'와 함께 플라스틱을 줄이기 위해 도입했습니다.

보통 정수기는 물 나오는 곳과 받침 사이의 간격이 좁아 병을 세울 수 없습니다. 그래서 병을 살짝 기울인 채, 정수기 레버를 병으로 밀면서 물을 받게 되죠. 물을 다 받을 때까지 들고 있어야 하며, 병과 레버가 닿게 되어 위생상 좋지 않은 부분도 있습니다.

보틀 필링 스테이션은 말 그대로 '병'에 최적화했습니다. 물 나오는 곳과 받침 사이의 간격이 넓어 긴 병을 세워둔 채 물을 받을 수

있습니다. 게다가 병을 놓으면 센서가 인식하여 자동으로 물이 나옵니다. 그래서 버튼을 계속 누르고 있을 필요도 없죠. 또한 센서로 작동하기에 기계와 접촉도 필요 없어 불특정 다수가 이용하는 공항 특성상 위생 측면에서 좋습니다. 다양한 언어를 사용하는 승객이 사용법 없이 직관적으로 이용할 수 있다는 점도 장점이었습니다.

사실 알고 보면 히스로 공항의 보틀 필링 스테이션은 손해를 감수하는 일이기도 합니다. 물을 무상으로 제공하면 상점이나 자판기의 물 판매가 현저히 줄어들기 때문입니다. 그럼에도 그들은 수십 개의 보틀 필링 스테이션을 공항 곳곳에 설치하여 빈 병을 든 채 보안을 통과한 승객이 무상으로 물을 마실 수 있도록 했습니다. 플라스틱 사용을 줄이기 위한 선제적이고 적극적인 움직임이었죠.

'놀이동산'에 이런 충전소가 있다면 어떨까요. 놀이동산은 음료가 절실하게 필요한 공간입니다. 넓은 야외에서 매우 활동적으로 움직이기 때문에 수분 섭취가 꼭 필요하죠. 실제로 생수를 포함한 음료 판매는 놀이동산의 주 수익원이기도 합니다. 그래서 놀이동산에서는 식당을 제외하고는 정수기를 발견하기 어렵습니다. 어쩔 수 없이 플라스틱 컵이나 플라스틱 병에 담긴 음료를 구매할 수밖에 없죠. 그런 놀이동산이 파격적으로 보틀 필링 스테이션을 설치해보면 어떨까요. 수익은 줄어들겠지만, 플라스틱을 줄이는 놀이동산으로 많은 고객의 호감을 얻을 수 있지 않을까요.

글로벌 제약회사 머크는 유니세프 등 여러 기관과 함께 '멕티잔 기부 프로그램'을 시작했습니다. 이 프로그램은 '멕티잔'이라는 약이 꼭 필요한 환자에게 약을 무상으로 기부하는 프로그램인데요. 약을 판매해 수익을 거두는 제약회사가 약을 무상으로 제공한다는 것이 파격적입니다. 그럼에도 머크는 '공중보건에 기여한다'라는 기업 철학에 기초해 이와 같은 의사결정을 내렸죠. 그리고 이 프로그램은 널리 알려지게 됐고, 머크의 브랜드 가치는 높아지게 됐습니다.

당장의 수익보다 장기적인 관점에서 사회와 환경을 위해 의사결정을 내리는 기업이 더 많아졌으면 좋겠습니다. 히스로 공항이 음료 판매 수익을 포기하고 환경을 위해 물 리필 스테이션를 공항 곳곳에 도입해 플라스틱을 줄여나가는 것처럼 말이죠. '보여주기'가 아니라 얼마나 '진정성'이 담겨 있는지 기업보다 훨씬 똑똑해진 고객은 바로 눈치챌 수 있습니다. 그리고 고객에게 신뢰를 얻는다면, 그 고객으로부터 무한한 애정을 받게 될 것입니다. 새로운 시대에 브랜드가 살아남는 법이 아닐까요.

수리 시간이 길어지자
애플 직원이 내민 제안

사용 중인 아이폰 배터리가 어느 순간부터 빠르게 방전됐습니다. 배터리 최고 성능을 확인해보니 82%였습니다. 보조 배터리를 늘 들고 다녀야 하는 지경에 이르게 되자, 배터리 교체를 결심하고 애플 스토어를 방문했습니다.

아이폰 수리를 맡긴 뒤, 안내받았던 픽업 시간에 다시 방문했습니다. 하지만 수리 요청이 많아 작업 시간이 지연되고 있다는 직원분의 추가 안내를 받게 됐는데요. 자리에 앉아 잠깐 기다려주실 수 있겠냐는 말씀에 그렇게 하겠다고 말한 뒤 스툴 의자에 앉아 기다리고 있었습니다. 스마트폰도 맡겨둔 터라, 할 것도 없어 가게 안을 살펴보고 있던 제게 한 직원이 아이패드를 든 채 불쑥 등장했습니다.

"혹시, 기다리시는 동안 게임 해보실래요?"

자세히 보니 다른 한 손에는 조이스틱이 들려 있었습니다. 살짝 지루했던 저에게 직원의 제안은 반가운 일이었습니다. 직원은 아이패드를 거치한 뒤 조이스틱을 활용한 게임 방법을 설명했습니다.

실행된 게임은 '애플 아케이드'의 대표 게임이었습니다. 어드벤처 게임, 레이싱 게임 등을 경험해볼 수 있었죠. 직원은 제 옆에서 다

채로운 리액션을 보여줬습니다. "잘하시네요", "오 잘 피했다", "그때는 X 누르면 돼요" 등의 코멘트로 제가 게임에 몰입할 수 있도록 도와줬습니다. 게임에 빠진 덕분에 시간은 빠르게 흘렀고 배터리 교체가 완료되어 제 스마트폰을 다시 받아올 수 있었습니다.

수리 시간이 길어져 대기하는 고객에게 직원은 '게임'을 제안했습니다. 자칫 고객이 불만을 가질 수 있는 시간을 노는 시간, 그것도 자사의 제품을 체험하는 시간으로 바꿔냈습니다. 사실 그날은 새로운 아이폰 모델 출시로 인해 매장이 그야말로 인산인해였습니다. 신경 써야 하는 고객이 상대적으로 많은 날이었는데도 수리 시간이 길어져서 지루하게 기다리는 고객을 놓치지 않았습니다. '바빠 보이는데, 제게 이렇게 시간을 쓰셔도 괜찮으신 건가요?'라고 묻고 싶을 정도였죠. 2001년, 애플 스토어 1호점이 문을 열 때 스티브 잡스가 가장 강조했던 말이 있습니다. 바로 매장에 비치된 모든 전자기기를 '인터넷'에 반드시 연결하라는 것이었습니다. 고객이 인터넷이 연결된 애플 기기를 통해 원하는 것을 자유롭게 할 수 있는 놀이터 같은 공간이 되어야 한다는 강력한 소신 때문이었습니다.

제가 수리 시간 동안 게임을 하며 지루함을 이겨낼 수 있었던 것도 직원의 세심한 배려와 더불어, 태블릿이 인터넷에 연결되어 있던 덕분이었습니다. 매장을 놀이터로 만들고자 했던 스티브 잡스의 바람이 지금까지 잘 지켜지고 있는 것이죠. 직원의 세심함과 브랜드의 철학이 빚어낸 색다른 공간 경험을 몸소 체험했습니다. 당연히 애플이라는 브랜드를 향한 충성도는 더 높아졌고요.

가게를 떠난 손님에게 인상적인 마지막 인사를 건네는 법

성수동에 위치한 '밑미홈'을 방문했습니다. 밑미는 '자아성장 큐레이션 플랫폼'으로 나를 발견하고 나에게 집중할 수 있도록 돕는 브랜드인데요. 이 브랜드가 '상점'을 운영하고 있다는 이야기를 듣고 이곳에서 어떤 경험을 할 수 있을지 궁금한 마음에 방문하게 됐습니다.

제가 들른 곳은 3층에 위치한 '밑미홈 시간을 파는 상점'입니다. 상점 한쪽에는 나 자신을 위해 쓰는 반복적인 시간을 의미하는 '리추얼'을 즐기는 이들의 이야기가 담긴 '리추얼의 방'이 있었습니다. 그리고 가게 곳곳에는 '상점'이라는 이름답게 밑미가 자체 제작한 제품들, 그리고 추천하는 제품이 함께 소개되어 있었죠. 특히 문구 덕후인 제게 이곳은 천국과 다름없는 곳이기도 했습니다. 오랜 시간 상점을 구경한 뒤 상점 문을 열고 나와 1층으로 내려가기 위해 엘리베이터를 타려는 순간 귀여운 스티커 하나를 발견했습니다.

'SEE YOU AGAIN!'

엘리베이터 버튼 위에 붙은 작은 스티커에 불과했지만 이상하게 버튼을 누르면서 기분이 좋아졌습니다. 가게로부터 배웅을 받고 있는 듯한 느낌이 들었죠. 또 뵙길 고대한다는 가게의 진심이 느껴

지기도 했습니다. 가게가 보낸 마지막 인사를 의외의 곳이지만 적절한 동선에서 받은 느낌이랄까요.

이 스티커를 보고 사진을 찍었던 결정적 이유는 마지막을 놓치지 않았기 때문입니다. 가게 문을 나오는 순간을 마지막 순간이라고 생각한 것이 아니라 가게 문을 나와 엘리베이터를 타려는 순간을 마지막으로 여겼습니다. 그리고 그곳에 중요한 메시지를 남겼습니다. '우리 또 만나요!'라고 말이죠.

마케팅과 브랜딩은 결국 커뮤니케이션입니다. '어느 접점에서, 어떤 메시지를 던지느냐'가 마케팅이고 브랜딩입니다. 그런 관점에서 엘리베이터 버튼마저 '고객과의 접점'으로 보고 마지막 인사를 건네는 소중한 기회로 삼은 이 가게가 고객과의 커뮤니케이션을 정확하게 이해하고 있는 브랜드로 보였습니다. 고객과의 접점은 '의외의 곳'이 될 수 있습니다. 제가 만난 '엘리베이터 버튼 위'처럼 말이죠. 오늘 한번 고객과의 모든 접점을 빠짐없이 나열해보는 건 어떨까요. 각 접점에서 어떤 메시지를 고객에게 전달하는 것이 좋을지 고민해보면 좋겠습니다. 그렇다면 제가 엘리베이터를 타려는 순간 기분이 좋아졌던 것과 같은 경험을 또 다른 고객도 경험할 수 있지 않을까요. 디테일은 '접점'의 영역이기도 하니까요.

평소에는 꽃병으로,
화재 시에는 소화기로

우연히 유튜브를 보다 기발한 소화기를 만났습니다. 그 주인공은 바로 삼성화재가 만든 투척식 꽃병소화기(Firevase)입니다. 꽃병소화기는 평소에는 꽃병으로 사용하다가 화재 시에는 불이 난 곳으로 던져 화재를 진화할 수 있는 투척형 소화용구입니다.

생각해보면 소화기는 늘 집 외진 곳에 놓여 있었던 것 같습니다. 디자인이 튀어서 안 보이는 곳으로 치워둔 경우도 있고, 자주 쓰지 않는 물건이라서 손에 잘 닿지 않는 곳에 두는 경우가 많습니다. 그래서 보통 세탁실이나 다용도실, 발코니나 실외기실 등에 소화기를 놓게 되고, 오래 찾지 않아 어디에 소화기를 두었는지 잊어버리는 경우가 발생하기도 합니다.

하지만 꽃병소화기는 우선 꽃병으로 사용할 수 있습니다. 보통 꽃병은 잘 보이는 곳에 놓아둡니다. 예쁜 꽃을 집에서 자주 보기 위해서죠. 삼성화재는 소화기와 꽃병이라는 이색적인 조합으로 집 안에서 가장 잘 보이는 곳에 소화기를 둘 수 있도록 했습니다.

이는 친환경 세정제로 유명한 '메소드'의 사례와 비슷합니다. 메소드는 수납장 안에 있던 세정제를 주방 앞자리, 화장실 벽면 등 잘 보이는 곳으로 꺼낸 대표적인 제품입니다. 비결은 바로 디자인이었습니다. 메소드의 창업자 라이언과 로리는 제품력과 더불어 디자인을 매우 중요하게 생각했습니다. 그 당시, 친환경 제품은 품질이나 디자인이 아쉬운 경우가 많았는데요. '친환경 제품이어도 품질이 훌륭하고 디자인이 예쁠 수 있다'라는 것을 라이언과 로리는 보여주고 싶었죠. 그래서 그들은 세계 3대 산업 디자이너 중 한 명인 카림 라시드에게 도움을 요청했고, 그 결과 꽃병에 세정제가 담긴 듯한 패키지 디자인이 등장하게 됐습니다. 고객 반응은 당연히 최고였습니다. 이런 폭발적인 반응에 메소드는 1년도 채 안 되어 미국 전역의 타깃 매장에 진열됩니다. '예쁜 것을 자주 보고 싶다'라는 니즈를 파악해, 집의 잘 보이는 곳으로 제품을 꺼내게 만든 아이디어가, 꽃병 소화기와 메소드 모두에게서 돋보였습니다.

저는 던져서 화재를 진압하는 방식도 좋았습니다. 보통의 소화기는 사용법이 다소 어려워 어린아이들이 사용하기 쉽지 않습니다. 하지만 이 소화기는 교육이 따로 필요 없습니다. '불난 곳에 세게 던지면 돼'라고 가르치면 끝나기 때문입니다.

마지막으로, 화재 보험사인 삼성화재가 이런 소화기를 만들었다는 점이 인상 깊었습니다. 진부한 방식의 화재 예방 캠페인보다 고객이 소화기를 집 안에 비치해서 사용하려면 필요한 것이 무엇인지에 집중해서 기발한 제품으로 제시한 것이 돋보였습니다.

투척용 소화기는 이미 소방시설법상 인증된 간이 소화용구 중 하나입니다. 실제로 투척용 소화기를 판매하는 브랜드도 다양했고, 집안에 구비해서 사용하는 가정이 많습니다. 다만 시중의 투척용 소화기는 소화기 자체로만 기능을 하다 보니, 일반 소화기와 동일하게 집의 외진 곳 또는 창고에 보관하는 경우가 많아 보였는데요. 소화기이면서도 '꽃병'으로 활용할 수 있다는 점이 꽃병소화기의 최대 장점이라는 생각이 들었습니다.

삼성화재 꽃병소화기의 광고 마지막에는 이런 카피가 등장합니다. '이 꽃병에선 모든 꽃말이 안심'이라고 말이죠. 소화기와 꽃병을 결합한 이색적인 디테일로 소화기를 비치하고 사용하는 고객의 불편을 해결하기 위해 노력한 이 브랜드가 '안심을 느끼게 하는 브랜드'로 자연스럽게 연상되는 건 저뿐만이 아닐 것 같습니다.

제품의 쓸모가 다할 때
디테일 한 스푼

집에서 흔히 쓰는 생필품 중 하나가 '제습제'입니다. 습도 조절을 위해 집안 곳곳에 배치해두고 주기적으로 교체하고 있는데요. 기존 제습제에는 불편한 점이 있습니다.

보통 제습제를 어떻게 버리시나요. 우선 제습제 안에 가득 찬 물을 버려야 하기에 제습제에 있는 종이막을 찢어야 합니다. 하지만 이 종이막이 손으로는 잘 찢어지지 않습니다. 그래서 늘 칼이나 가위를 찾아 종이막을 찢게 됩니다. 제습제를 버리기 위해서는 칼이나 가위가 함께 꼭 필요하죠.

저는 이 불편이 제습제를 사용하기 위해 당연히 겪어야 하는 불편인 줄 알았습니다. 그래서 자취 생활 10년이 넘는 동안 큰 불만 없이 살았습니다. 이렇게 제습제를 버리는 방법이 '최선'이라는 생각 때문이었죠. 하지만 얼마 전 구매한 '노브랜드 제습제'를 마주한 뒤, 이 불편도 충분히 개선할 수 있었다는 사실을 깨달았습니다. 바로 제습제를 덮고 있는 플라스틱 뚜껑에 미니 플라스틱 칼을 함께 준비해둔 것이었습니다.

그래서 노브랜드 제습제를 버릴 땐 칼이나 가위를 따로 찾을 필

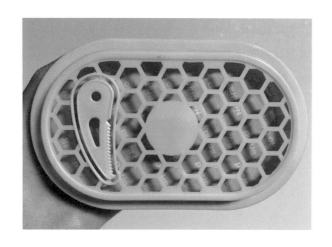

요가 없습니다. 뚜껑에서 미니 플라스틱 칼을 뜯어내 종이막을 찢으면 되기 때문입니다. 제습제를 버려야 하는 고객이 어떤 불편을 겪는지 노브랜드는 잘 이해했고 좋은 대안을 마련했습니다.

심리학에는 '피크엔드 법칙(peak-end rule)'이라는 용어가 있습니다. 노벨 경제학상을 수상한 대니얼 카너먼이 제창한 개념으로 사람의 경험에 관한 기억은 가장 강렬한 순간(peak)과 마지막 순간(end)의 평균값이라는 법칙입니다. 노브랜드 제습제는 '마지막 순간'을 잡았습니다. 제품의 쓸모가 다해 버려야 하는 마지막 순간에 이 제품은 고객에게 강렬한 경험을 선사합니다. '혹시 이거 필요하지 않으세요?'라고 말하듯 고객이 필요한 것을 미리 잘 알고 준비해둔 디테일을 제공하며 고객이 경험의 여정을 끝마치게 합니다. 오히려 제품을 버릴 때 기분이 좋아지도록 만들죠.

점점 '마지막 순간'을 챙기는 브랜드가 많아지고 있지만 아직도 많은 브랜드가 이를 놓치고 있다는 생각도 듭니다. '구매'를 마지막 순간으로 판단하고 그 이후의 고객 여정에는 주목하지 않는 듯한 느낌을 받을 때가 종종 있습니다. 배송을 기다리고, 포장을 뜯고, 제품을 처음 사용하고, 문제가 생기고, 버릴 때까지, 고객의 경험 여정은 확장됩니다. 고객 여정을 얼마나 길게 보고 각 여정의 경험을 신경 쓰는지가 더 중요해지리라 생각합니다.

어려운 분갈이를
대신 해주는 서비스

식물을 키우며 가장 고민되는 순간이 있습니다. 바로 분갈이가 필요할 때입니다. 분갈이는 식물이 더 잘 성장할 수 있도록 화분 크기를 늘려주고, 영양분 있는 흙으로 교체하는 작업입니다. 이 분갈이가 식물 전문가에게는 쉬운 작업일 수 있겠으나, 저처럼 '식물 초보'에게는 꽤 난이도 높은 작업으로 다가옵니다. 분갈이를 마주할 때 이런 고민을 하게 되니 말이죠.

- 화분 크기는 어떤 게 적당할까?
- 화분 안은 어떻게, 어떤 순서로 채우는 게 좋을까?
- 어디서 한 번에 살 수 있을까?
- 식물이 분갈이 후 몸살에 걸리지 않으려면 어떻게 해야 할까?
- 분갈이 후 시들면 어쩌지?

이런 고민을 거쳐 몇 번 분갈이를 직접 시도해봤으나 보통 일이 아니라는 것을 깨달았습니다. 분갈이에 필요한 재료를 사러 돌아다니고 집에서 분갈이 작업을 진행하고 쓰다 남은 재료는 따로 정리해서 보관하는 일이 쉽지 않았죠. 이 모든 것을 식물을 사랑하는 마음으로 할 수 있다 하더라도 가장 큰 문제는 서툰 분갈이로 식물이 몸살을 앓다 죽어버린다는 것이었습니다. 이런 경험을 몇 번 반복하고 나자 분갈이가 두려워지기까지 했습니다.

우연히 한 식물 관리 서비스의 광고를 보게 됐습니다. 그리고는 '유레카'를 외쳤죠. 바로 저와 같이 분갈이를 어려워하는 고객을 위해 식물을 직접 수거하여 분갈이를 한 뒤 다시 배달해주는 '식물회관'이라는 서비스였습니다. 서비스 절차는 간단합니다. 우선 카카오톡으로 이야기를 나눕니다. 식물 상태를 전하고 원하는 화분 스타일을 고릅니다. 정해진 날짜에 식물을 문 앞에 두면 업체에서 직접 가지고 가죠. 겨울철에는 식물 냉해를 방지하기 위해 집 안으로 들어와 가지고 갑니다. 식물을 최우선으로 생각한 디테일이라 할 수 있죠.

픽업 이후는 전문 정원사에 의해 모든 것이 진행됩니다. 화분 크기는 정원사가 추가 상담을 통해 고객에게 제안합니다. 화분 안 내용물은 정원사가 최적의 조건으로 채워주므로 재료를 사러 돌아다닐 필요가 없습니다. 또한 전문 정원사가 직접 분갈이를 해주니 식물이 몸살에 걸릴 일도 줄어들게 되죠. 이처럼 직접 분갈이를 했을 때 마주했던 고민이 전부 사라집니다.

이 사례를 보고 '출장 서비스'가 바쁜 현대인의 고민을 줄여주는 새로운 비즈니스 모델이 되고 있다는 생각이 들었습니다. 세탁물을 수거한 뒤 다시 가져다주는 '런드리고', 집 청소를 대신 해주는 '청소연구소' 등 최근 주목받는 생활 편의 서비스를 살펴보면 출장을 기반으로 하는 경우가 많습니다. 내가 해결해야 할 문제를 전문가에게 맡기면서 내 일과 여유 시간에 더 집중하는 고객이 많아지고 있는 것이죠.

식물회관의 서비스도 출장 서비스가 식물 관리 영역까지 확장된 것으로 볼 수 있습니다. 그리고 그 궁합이 찰떡입니다. 식물 관리는 보다 확실한 전문가의 영역이고, 화분이 무거운 경우가 많아 고객이 직접 이동해서 문제를 해결하기 쉽지 않기 때문입니다. 식물 출장 서비스가 앞으로 더 잘 될 것이라 생각하는 이유입니다.

식물 관리 측면에서 이런 서비스도 있으면 어떨까요. 식물에 어떤 문제가 있는지 정원사가 직접 방문해서 살펴주는 서비스입니다. '식물 출장 의사'죠. 잎이 갑자기 노랗게 되거나, 잎이 쭈그러지거나, 흙에 곰팡이가 생기면 정원사가 출동하여 문제를 파악하고 해결해주는 것입니다. 그리고 각 식물에 맞는 최적의 관리법을 설명해주는 것도 좋을 것 같습니다. 그럼 고객은 많은 시간을 아낄 수 있겠죠. 식물 사전을 찾아보거나 커뮤니티에 고민을 올릴 일도 사라지고요. 고객의 문제를 '출장'으로 해결해줄 수 있는 영역은 또 무엇이 될 수 있을지 상상력이 필요할 때입니다.

인센스 홀더가
꼭 따로 필요할까

요즘 인센스의 인기를 체감합니다. 소품숍이나 편집숍에 들르면 꼭 보이는 것이 바로 인센스 제품입니다. 인센스 스틱, 인센스 홀더, 페이퍼 인센스 등 수많은 제품이 쏟아지고 있죠. 향도 내 취향으로 디자인하고 싶은 고객이 많아지며, 향수 시장과 더불어 인센스 시장이 점점 커지고 있습니다.

인센스를 사용할 때 불편한 점은 '인센스 홀더'를 별도로 구비해야 한다는 것입니다. 인센스 스틱만 샀다고 끝이 아니죠. 그 스틱을 지지할 수 있는 홀더를 따로 구매해야 인센스 스틱을 사용할 수 있습니다. 결국 스틱과 홀더 두 제품이 결합해야 인센스를 온전히 즐길 수 있는 것입니다.

'콜린스'의 제품을 만나게 됐을 때는 마치 뒤통수를 한 대 맞은 느낌이었습니다. 스틱과 홀더 역할을 '같이' 할 수 있는 제품이었기 때문입니다. 사용 방법은 간단합니다. 인센스 뚜껑은 받침 역할을 합니다. 철제 성분으로 되어 있어 스틱이 타고 떨어지는 재가 묻어도 물로 씻으면 깨끗해지죠. 홀더 역할은 인센스에 들어 있는 인센스 클립이 합니다. 이 클립을 원하는 각도로 놓으면 인센스 스틱을 고정할

수 있습니다. 결국, 이 인센스 스틱 한 통만 사면 홀더를 따로 구매할
필요 없이 바로 인센스를 즐길 수 있는 것이죠.

이 제품은 캠핑이나 휴가를 갈 때 특히 유용합니다. 스틱과 홀
더, 둘 다 챙기지 않고 이 제품 하나만 챙기면 되죠. 저도 실제로 이
제품을 캠핑에서 잘 활용했습니다. 캠핑 때 간단하게 사용했던 경험
이 좋아서 집에는 홀더가 따로 있음에도 불구하고 이와 같은 방식으
로 인센스를 즐기곤 했습니다.

물론 따로 사서 쓰는 인센스 홀더만큼 예쁘지는 않습니다. 인테
리어용으로는 탈락일 수 있죠. 하지만 '고객 경험' 관점에서 살펴보
면 굉장히 편리한 제품입니다. 한 제품에 두 제품의 기능을 합쳤다
는 것, 들고 다니기 좋은 휴대성을 갖췄다는 것이 이 제품의 큰 장점
이죠. '홀더'를 '스틱 제품'에 합칠 생각을 한 사람이 누구일까 궁금해
지기도 했고요.

그러면서 인센스를 켤 때 꼭 필요한 '불'도 제품에 함께 들어있다면 어떨까 하는 생각도 떠올렸습니다. 인센스 스틱을 이용하기 위해서는 성냥이나 라이터가 꼭 필요한데요. 성냥이 이 제품에 함께 들어 있어서 불까지도 해결한다면 더 멋진 고객 경험이 되지 않을까요.

고객이 진심과 취향을
선물 포장에 담도록

가고 싶은 곳을 발견할 때마다 메모를 해두는 편입니다. 요즘은 메모하고 보면 그 공간이 성수동에 위치한 경우가 점점 많아지고 있습니다. 인기 브랜드의 플래그십 매장부터 팝업 스토어까지. 성수동은 그야말로 '브랜드가 사랑하는 동네'라고 할 수 있습니다. 브랜드에 관심 있는 제게 성수동은 공부를 하기도 좋고 좋은 영감을 얻을 수 있는 동네라고 할 수 있죠.

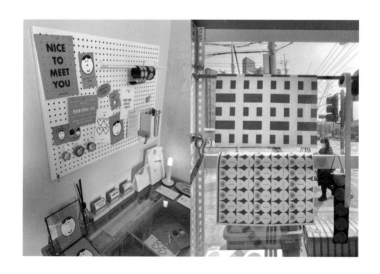

이날 방문한 성수동의 첫 가게는 와인 큐레이션 플랫폼 '위키드 와이프'였습니다. 이 책에 소개한 사례처럼 와인 추천에 관한 디테일을 얻을 수 있는 공간이었습니다. 뿐만 아니라, 가게 한쪽에는 고객이 직접 포장을 할 수 있도록 '기프트바'가 설치되어 있어 눈길이 갔는데요. 선물 포장에 필요한 포장지, 리본, 스티커, 편지지, 종이백, 테이프, 가위 등이 구비되어 선물 포장에 필요한 모든 것을 제공하고 있었죠.

신기하게도 같은 날 몇 시간 뒤 기프트바를 다시 마주했습니다. 이번에는 자아성장 큐레이션 플랫폼 '밑미'의 오프라인 공간인 '밑미홈'에서였습니다. 이곳 역시 제품을 구매한 뒤, 고객이 직접 포장할 수 있도록 기프트바를 마련해두고 있었는데요. 실제로 이 기프트바에서 선물을 포장하는 고객도 어렵지 않게 만날 수 있었습니다.

문득 궁금해졌습니다. 왜 점점 많은 가게에서 기프트바를 볼 수 있게 된 것인지, 그리고 고객에게 좋은 반응을 얻고 있는지 말이죠. 제 생각은 이렇습니다.

첫째는 포장이 편리해집니다. 기프트바가 없다면 선물 포장을 위해 필요한 것을 따로 준비해야 합니다. 이 과정이 다소 번거롭게 느껴져 추가 요금을 지불하고서라도 직원에게 선물 포장을 부탁하는 경우가 많았죠. 하지만 기프트바가 생기면서 선물 포장이 매우 편리해졌습니다. 선물을 구입한 후 가게의 한쪽 섹션에서 포장까지 바로 완료해서 나갈 수 있기 때문입니다.

둘째는 포장에 취향을 반영할 수 있습니다. 기프트바는 마치 DIY와 흡사합니다. 고객이 원하는 물건을 직접 만들어 세상에 하나

밖에 없는 나만의 취향 저격 상품을 만드는 DIY처럼, 취향에 딱 맞는 선물 포장을 할 수 있도록 해두었습니다. 나만의 개성을 더해 직접 선물을 포장하는 것이, 취향의 시대에 꼭 필요한 선물 준비 단계가 되어가고 있죠.

셋째는 재미입니다. 포장하는 사람은 마치 놀이를 하는 듯한 재미를 느낍니다. 각종 포장 재료 앞에서 선물을 어떻게 꾸밀지 아이디어를 떠올리고, 실천하게 됩니다. 마치 도화지 위에 그림을 그리는 듯한 창의적인 재미를 기프트바에서 느낄 수 있는 것이죠.

가게 입장에서는 어떨까요. 선물 포장 재료를 자세히 보면 일반적인 문구류가 아닙니다. 가게의 브랜딩이 반영된 포장지, 스티커, 리본 등으로 준비되어 있죠. 선물을 주는 사람, 선물을 받는 사람 모두 브랜드의 접점이 됩니다. 선물받은 사람은 선물 사진을 찍어 SNS에 올려서 가게 로고가 노출되기도 하고, 선물이 맘에 들 경우 받은 사람에서 선물하는 사람으로 더 나아가, 가게의 고객이 되기도 합니다.

또한 선물을 목적으로 하는 고객에게 '퍼스트 스토어'가 될 수 있습니다. 직접 포장할 수 있다는 사실을 인지하게 된 고객은 선물을 준비해야 하는 경우 기프트바가 있는 이 가게를 가장 먼저 떠올릴 확률이 큽니다. 가게 안에 설치된 작은 기프트바가 선물을 준비하는 고객을 모객하는 경쟁력이 되는 것이죠.

이케아는 고객이 직접 가구를 조립해야 하는 것으로 유명합니다. 번거로워 보이는 과정이지만 실제로 이 조립 과정을 통해 고객은 이케아 가구에 애정을 갖게 됩니다. 학자들은 노력을 투입한 물건에 더 애정을 갖게 되는 인지적 편향을 두고 '이케아 효과'라고 정의하기도 했죠. 기프트바도 이케아 효과를 만들어낼 수 있습니다. 가게 안에서 내가 아끼는 사람의 선물을 직접 포장하는 것, 그리고 이로 인해 선물에 더 큰 애정이 생기게 되죠. 선물하는 사람의 마음을 더 즐겁게, 더 재밌게, 더 뿌듯하게 해주는 기프트바가 더 많은 가게에 생긴다면 좋겠습니다.

화장품 고객이 주기적으로
방문하게 만들 장치

화장품을 구매하기 전에 하는 가장 큰 고민이 있습니다.

'이 화장품, 나에게 잘 맞을까?'

그래서 화장품을 구매하기 전에는 리뷰를 유독 꼼꼼히 살피게 됩니다. 나와 피부가 비슷한 분들에게 이 화장품은 어떤지, 트러블이 발생하지는 않는지, 효과가 좋은지 등을 살피게 되죠. 가장 좋은 테스트 방법은 샘플을 얻어 사용해보는 것입니다. 하지만 샘플을 얻기 위해서는 화장품을 구매해야 하는 경우가 많고 내가 원하는 제품을 고를 수 없습니다. 오프라인이라면 직원이 임의로 챙겨주는 대로, 온라인이라면 스토어가 임의로 챙겨주는 대로 받을 수밖에 없습니다. 내가 쓰고 싶은 화장품의 샘플을 얻기는 쉽지 않죠.

이런 고민을 가진 고객을 위해 이니스프리는 '샘플마켓'을 마련했습니다. 이니스프리 회원이라면 누구나 월 1회, 5개의 무료 샘플을 받을 수 있도록 한 것이죠. 평소 써보고 싶었던, 궁금했던 대표 상품의 샘플을 월 1회 무료로 제공받을 수 있습니다. 화장품을 구매해야 얻을 수 있었던 화장품 업계의 전통적 '덤'인 샘플을 매대로 끌어올려 고객의 고민을 해결하고, 발길도 사로잡았습니다.

그럼 화장품 회사에게는 손해일까요. 저는 그렇게 보지 않습니다. 우선은 '방문할 목적'을 만들 수 있습니다. 이니스프리는 샘플마켓을 통해 고객이 가게에 최소 월 1회는 편하게 방문할 수 있도록 만들었습니다. 고객이 가게에 방문하면 자연스럽게 제품에 관심을 가지게 될 것이고, 샘플을 받으러 들어왔다가 다른 화장품을 구매할 수도 있습니다.

또한 매달 새로 출시되는 제품을 고객에게 홍보할 수 있는 중요한 기회가 되기도 하죠. 샘플을 이용해본 뒤 맘에 들었다면 판매용 상품을 구매할 것입니다. 구매 확률을 높이는 '트리거' 역할을 샘플이 하는 것입니다.

가장 중요한 것은 '데이터 획득'입니다. 샘플마켓을 이용하면 계산대에서 회원 인증을 한 뒤 샘플 바코드를 모두 찍습니다. 즉, 고객이 어떤 샘플을 가져갔는지 기록한다는 뜻이죠. 이렇게 데이터를 모으면 무궁무진한 일이 벌어집니다. 고객의 피부 타입을 샘플을 통해 알 수 있습니다. 건성 피부용 화장품 샘플을 주로 챙겨 간 회원은 건성 피부일 것입니다.

고객의 피부 타입은 화장품 브랜드가 제일 얻고 싶은 정보 중 하나죠. 뿐만 아니라, 고객의 고민도 알아챌 수 있습니다. 지난달에는 트러블 제품 샘플을 가져가지 않았는데 이번 달에는 트러블 제품 샘플을 많이 가져갔다면 갑자기 생긴 트러블 때문에 고민하고 있다는 뜻이겠죠. 자사의 대표 제품을 샘플로 펼쳐두고, 고객의 피부 데이터를 얻고 있는 것입니다.

획득한 데이터는 그 밖에도 다양하게 활용할 수 있습니다. 회원이라면 마케팅 정보 수신에 동의를 했을 확률도 높습니다. 그렇다면 고객별 타기팅 광고 메시지를 보낼 수 있습니다. 건성 피부를 지닌 고객에게는 건성 피부용 신제품 광고 메시지를 보낼 수 있습니다. 트러블이 고민인 고객에게는 트러블 진정용 신제품 광고 메시지를 보낼 수 있죠. 고도화된 타깃 마케팅이 가능해지는 것이죠.

고객은 화장품을 구매하기 전, 원하는 제품을 무료로 체험할 수 있어서 좋습니다. 브랜드는 고객이 가게에 방문할 동력을 만들고, 샘플 데이터를 통해 고객을 파악할 수 있어서 좋습니다. 화장품 구매 시 카운터에서 직원이 살며시 꺼내서 챙겨주던 샘플을 당당히 매대 위로 끌어올려 코너로 만들고 고객과 브랜드 모두를 만족시킨 이 아이디어가 인상 깊었습니다.

샘플을 사용한 뒤 해당 샘플의 화장품을 구매한 고객에게는 추가 할인 혜택을 제공하면 어떨까요. '샘플 이용 후, 해당 샘플의 화장품을 구매하면 10% 할인해드려요!'라고 마케팅 해보는 것이죠. 그렇다면 샘플 만족도를 더 뚜렷하게 알 수 있고 샘플 사용에서 실제 제품 구매로 이어지는 소비자 행동이 더 단단해질 수 있지 않을까요.

식사, 그다음

제주도에 위치한 한 식당. 라면 맛집으로 유명한 이 식당에 들러 라면을 주문한 뒤 가게 내부를 둘러보고 있었습니다. 잠시 뒤, 직원이 물병과 함께 노란색 트레이 하나를 건넸는데요. 그 위에는 화장지와 더불어 다른 식당에서는 보기 힘든 것이 올려져 있었습니다. 바로 '가글'이었습니다.

음식을 먹고 나면 입안이 텁텁하고 음식 냄새가 남곤 합니다. 입가심을 하고 싶다는 생각이 강하게 들죠. 그래서 고깃집 같은 경우에는 카운터에 박하사탕을 가져갈 수 있도록 준비하거나 커피 자판기를 마련해두기도 합니다. 입가심을 할 수 있는 후식을 구비해두는 것입니다.

제가 가장 선호하는 입가심은 이를 닦는 것입니다. 하지만 매번 식당에서 식사를 마친 뒤 이를 닦는 것은 불가능합니다. 칫솔과 치약을 휴대하고 다니기도 쉽지 않을 뿐더러 식당마다 화장실의 상태도 다르고 일행을 기다리게 할 수도 없기 때문입니다. 그래서 작은 사이즈의 휴대용 가글로 간단하게 입가심을 하는 편입니다. 이 가글을 식사 전에 미리 챙겨주는 식당을 만났습니다. 식전부터 식후를 세심하게 챙겨주는 식당이라는 생각에 만족도는 이미 최상이었고 음식도 맛있었던 덕분에 기억에 오래 남는 제주도 식당이었습니다.

온라인을 살펴보니 가글을 제공하는 식당이 점점 늘고 있다고 합니다. 고객 반응 역시 좋습니다. '사장님 센스가 좋네요', ' 수많은 고깃집을 다녔는데 가글 주는 곳은 한 군데도 없었어요', '사탕보다 훨씬 좋네요', '단 사탕 싫어하는 저한테 딱이에요'. 가글 하나로 식당 이름까지 댓글로 공유되는 것을 보며 색다른 경험이 고객 마음을 움직일 수 있는 요소라는 것을 다시 한번 깨닫게 됐습니다.

'바이럴 루프'라는 개념이 있습니다. 서비스를 경험한 사용자가 바이럴 즉, 입소문을 통해 다른 사용자를 계속 끌어들이는 선순환 구조를 의미하죠. 특별한 경험을 한 사용자는 다른 사람에게 직접 이야기하거나 소셜 미디어를 통해 후기를 공유합니다. 후기를 접한 새로운 사용자가 유입되고, 그 사용자가 다시 후기를 공유하는 패턴이 반복되며 루프가 만들어집니다. 이를 바이럴 루프가 생겼다고 말합니다.

　이 식당의 가글과 같은 작은 디테일이 바이럴 루프를 만드는 핵심 재료가 될 수 있습니다. 제가 이 식당을 지금 여러분에게 소개하고, 가글을 주는 식당을 인상 깊게 생각한 각 고객이 저마다 후기를 남겨 공유하는 것처럼, 고객을 사로잡은 디테일은 '바이럴 루프'를 만들 수 있습니다.

단백질로
고객을 끌어들이는 방법

요즘 식품 시장에서 단백질 시장이 커지고 있습니다. 제품명에 프로틴이 들어간 제품을 점점 더 자주 발견하게 되는 이유입니다. 과거 '단백질 식품'은 닭가슴살, 두부, 계란, 우유 등이 전부였습니다. 하지만 이제는 프로틴 바, 프로틴 쉐이크, 프로틴 시리얼, 프로틴 아이스 커피 등과 같이 단백질 함량이 강화된 다양한 식품으로 고객이 단백질을 보충할 수 있게 됐습니다.

단백질 시장의 확대는 '덤벨 이코노미'의 영향입니다. 덤벨 이코노미는 건강과 체력 관리를 위한 지출이 증가하는 현상을 뜻하는 용어입니다. 코로나19의 여파로 건강에 관한 관심이 커지면서 건강을 최우선으로 두는 소비자가 늘었다는 것이 업계의 평이죠.

저 역시도 근력을 강화하기 위해서는 단백질 섭취가 필요하다는 것을 인지하면서 가격이 조금 비싸더라도 단백질 함량이 높은 제품을 선택합니다. 프랜차이즈 카페를 가서도 커피보다는 프로틴 음료를 자주 주문하고, 간식 대용으로 일반 과자보다는 프로틴 바를 챙겨 먹고 있습니다.

이런 경향은 외식에도 그대로 적용됐습니다. 가급적이면 밖에서도 '건강한' 음식을 먹고 싶은데요. 지도 앱에서도 건강을 챙기면서 가볍게 먹을 수 있는 가게를 우선으로 찾습니다. 그래서 '단백질' 함량을 어필하는 식당이 있다면 좋겠다고 생각했습니다. 단백질 시장이 해마다 커지고 단백질 섭취를 중요하게 생각하는 고객이 늘어나고 있는데 단백질 함량으로 어필하는 식당은 왜 보기 힘들까 하는 생각이 들었죠. '우리 가게 음식에 단백질이 이만큼 많이 들어 있어요'라고 알리면, 건강한 음식을 먹고 싶은 고객을 끌어들일 수 있을 텐데 말이죠.

그러다 건대입구역 근처에 위치한 한 식당의 입간판에서 제가 상상했던 모습을 만났습니다. 음식마다 단백질이 얼마나 들어 있는지 강조해서 표기하여 단백질 섭취를 중요하게 생각하는 고객을 끌어들이고 있는 것이었습니다.

이 식당은 '다이어트 음식'이 콘셉트입니다. '헬스인들이 마음 놓고 먹을 수 있는 식당은 왜 없을까'라는 질문에서 시작한 이 식당은, 이른바 탄단지(탄수화물, 단백질, 지방) 균형을 맞춘 식사를 제공하고 있죠. 운동하는 사람이 핵심 타깃이지만 건강을 중요하게 생각하는 고객의 마음도 잘 알고 있습니다. 그래서 '단백질 함량'을 중요한 셀링 포인트로 삼았죠.

이 가게를 발견한 곳은 지도 앱이었지만 이 가게에 들어가야겠다고 마음먹은 건 입간판에 적힌 '단백질 함량' 때문이었습니다. '오늘 채우지 못한 단백질 섭취량을 채울 수 있겠다', '단백질 함량이 높다면 건강한 한 끼 식사겠다'라는 생각이 자연스럽게 들어 가게 안으로 향했습니다.

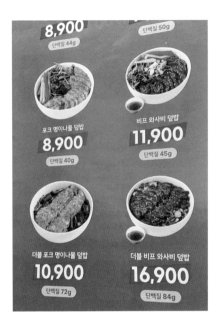

더 신기한 점은 가격에 덜 민감해진다는 것이었습니다. 가격보다는 단백질 함량에 더 눈길이 가며 단백질을 더 많이 섭취할 수 있는 비싼 요리에 관심이 갔습니다. '이왕 먹는 거라면 단백질이 많은 음식을 먹자'라는 생각이 드는 것이죠. 건강을 위해 아낌없이 투자하는 고객의 심리가 제품 가격에 덜 민감하게 반응한 것입니다.

제가 만약 고깃집 사장님이라면 '단백질'을 셀링 포인트로 삼아보고 싶습니다. 고기는 단백질이 풍부합니다. 고기 100g당 단백질 섭취가 얼마나 가능한지 메뉴판에 적어두는 것부터 시작해보고 싶어졌습니다. 고기를 먹으면서 건강을 챙기고 있다는 뿌듯한 느낌이 들 수도 있고 300g 시킬 것을 400g 시켜 원하는 만큼 단백질을 섭취하는 일도 일어나지 않을까요. 돼지고기보다 단백질 함량이 높은 소고기를 선택하는 비율도 늘어나며 가게 매출에 긍정적일 것입니다. 단백질 섭취를 원하는 고객을 위해 식당에서 단백질 정보를 잘 알려주길 기대해봅니다. 단백질의 소중함과 필요성을 깨달은 고객들에게는 단백질 함량이 중요한 세일즈 포인트가 될 수 있습니다.

편집숍에
샤워실이 있는 이유

제주도로 여행을 갔을 때 머물렀던 숙소 중 한 곳은 협재 해수욕장 근처에 위치한 '호텔 홀라인'이라는 곳이었습니다. SNS에서 이곳 사진을 발견한 뒤 제주도에 간다면 꼭 머물러보고 싶다 생각했죠. 운 좋게도 마침 예약이 가능하여 이곳에서 머물렀습니다.

호텔 홀라인은 아웃도어 호텔입니다. 2022년 6월 기준, 제주도에는 평대점, 협재점 2곳이 운영 중입니다. 제가 머물렀던 협재점은 1층은 아웃도어 편집숍, 2층은 숙소로 구성되어 있는데요. 체크인을 위해 들른 가게에서 신기한 광경을 목격했습니다. 바로 편집숍 안에 '샤워실'이 설치되어 있는 것이었습니다. 이 편집숍은 제주도를 즐기는 아웃도어 고객을 위해 샤워 서비스가 포함된 '라운지 서비스'를 제공하고 있었기 때문입니다.

라운지 서비스의 구성은 이렇습니다. 1만 원을 결제하면 샤워 1회, 음료 1잔, 시간제한 없이 라운지에서 휴식을 취할 수 있습니다. 아웃도어를 즐긴 뒤 산뜻하게 샤워를 하고 음료를 마시며 휴식을 취하고 싶은 백팩커, 캠퍼, 라이더, 서퍼 들에게 매우 매력적인 서비스를 제공하고 있었죠.

샤워실에서 아웃도어 편집숍의 진심을 읽을 수 있었습니다. 아마 가게 사장님은 이런 생각을 하지 않았을까요.

① 아웃도어를 즐기는 고객은 땀 흘리는 액티비티를 좋아하는 사람들이다.

② 이들에게 필요한 휴식은 샤워를 한 뒤 휴식을 취하는 것이다.

③ 아웃도어 스포츠를 응원하는 편집숍이 해줄 수 있는 건 뭘까.

④ 잠시 재정비하고 쉬었다 갈 수 있도록 '샤워 서비스'를 제공하면 어떨까.

무엇보다 '샤워실 아이디어'가 좋았던 건 아웃도어를 즐기고 좋아하는 고객을 가게 안으로 끌어들이는 강력한 유인책이 되고 있다는 것이었습니다. 서비스를 제공하여 끌어들인 고객이 필요한 물품을 편집숍에서 발견하고 구매하는 흐름을 만든 것이죠. 실제로 이 편집숍은 백패커 사이에서 이미 유명한 가게였습니다. 편집숍 앞 마당에서는 백패커끼리의 교류도 적극적으로 이뤄지고 있었죠.

단순히 콘셉트만 '아웃도어 편집숍'이 아닌 아웃도어에 '진심'인 고객을 위해 특별한 경험을 제공하는 가게를 만나 무척 반가웠습니다. 이 아이디어를 확장해볼 수 없을까 고민해봤습니다. 그러다가 떠올린 아이디어는 '등산'이었습니다. 실제로 얼마 전 청계산을 오르면서 등산로 입구 주변으로 수많은 아웃도어 스토어가 있는 것을 발견했는데요. 땀을 흘리고 내려온 등산객에게 샤워 서비스를 제공하고 이들이 쉬었다 갈 수 있는 가게로 만들면 어떨까 하는 생각이 들었습니다.

그럼 등산객이 하산한 뒤 거쳐 가는 가게, 휴식을 취하며 가게 안 등산 용품을 구경하며 구매하는 가게, 등산객끼리 커뮤니티가 만들어지는 가게가 될 수 있지 않을까요. 젊은 등산객도 많아지고 있으니, 호텔 홀라인처럼 힙한 등산객을 위한 편집숍이 산 앞에 위치해도 좋을 것 같고요. 등산에 진심인 고객을 위해 어떤 경험을 제공할 수 있을지 고민해보면, 그 가게로 사람들이 몰려들지 않을까요.

'7일'에 집중한
화장품

화장품 브랜드 '이니스프리' 매장을 천천히 둘러보다 이색적인 화장품을 발견했습니다. 바로 '세븐데이즈'라는 이름이 붙은 화장품이었는데요. 이 화장품은 이름 그대로 7일간 쓸 수 있는 소량 화장품이었습니다. 7일간 사용 가능한 스킨, 7일간 사용 가능한 로션, 7일간 사용 가능한 폼클렌저 등이 대표 라인업이죠. 제품 가격도 용량에 비례하여 1,000원에서 2,000원대로 비교적 저렴하게 책정되었습니다.

척 봐도 여행에 딱입니다. 여행 갈 때면 늘 화장품이 애로 사항이었습니다. 화장품을 그대로 들고 가기에는 무겁고 부피도 크기 때문입니다. 그래서 다이소에서 여행용 공병 세트를 산 뒤 화장품을 소분해 가져가보기도 했습니다. 하지만 화장품을 일일이 소분하는 것이 귀찮고, 담은 화장품을 끝까지 다 못 쓰고 버리는 경우도 많으며 여행 때마다 공병 세트를 구매하는 비용도 아까웠습니다. 그래서 여행 갈 때 '세븐데이즈'를 이용하면 좋을 듯했습니다. 공병을 구매하는 가격에 조금만 더 보태면 여행에 필요한 기초 화장품을 챙길 수 있기 때문입니다.

이 제품에 관한 고객 반응이 궁금해서 공식 홈페이지에 실린 제품 후기를 찾아봤습니다. 제 생각과 비슷하게 휴대하기 좋다는 평이 대다수였습니다. '여행, 출장, 캠핑에 챙겨 가면 편리하다', '플라스틱 공병에 소분할 필요가 없어서 좋다', '모든 피부에 잘 맞는 보편적 제품이라 처음 사용하는 사람도 거부감 없이 사용 가능하다', '부피를 차지하지 않아 짐 쌀 때 좋다', '비닐 재질이라 화장품을 끝까지 남김없이 사용할 수 있어서 좋다' 등의 후기가 달려 있었습니다.

이 화장품은 휴대성이 중요한 7일이라는 기간에 집중했습니다. 7일간 사용할 수 있는 소량의 화장품 제품을 선보여 비일상에서 화장품이 필요한 고객의 니즈를 충족시키고 더 나아가서는 해당 제품의 '샘플'이 되도록 했습니다. 이 제품을 이용해본 고객은 만족할 경우 정식 용량의 제품을 구매할 수도 있겠죠. 의지만 있다면 '틈새'마저도 충분히 고객과 닿을 수 있는 접점으로 만들 수 있다는 것을 깨닫게 됐습니다.

와튼 스쿨의 패티 윌리엄스 교수는 "많은 기업이 소비자에게 어떤 브랜드 가치를 전달할 것인가를 고민하고 있다. 문제는 그들이 너무 큰 대중 시장을 목표로 하고 있다는 것이다. 타깃을 세분화하고 명확히 규정한 뒤 접근해야 브랜드 마케팅이 가능하다"라고 말했습니다. 이니스프리는 타깃을 '7일 동안 화장품이 필요한 고객'으로 세분화했고, 그 결과 단기간 휴대용 제품이 필요한 틈새 고객에게 닿을 수 있었습니다. 그 결과, 틈새 고객에게 이니스프리는 특별한 상황에서 가장 먼저 떠올리는 화장품 브랜드가 됐습니다. 대중 못지않게 틈새가 중요한 이유입니다.

젖은 벤치를
바로 말릴 수 없을까?

비가 그친 직후의 산책을 좋아합니다. 비가 세상을 깨끗하게 씻어낸 느낌이기도 하고 비 냄새를 맡으며 산책할 수 있는 기회이기 때문입니다. 하지만 아쉬운 점도 있습니다. 산책을 하다 벤치에 잠시 앉아 생각 정리를 하는 저만의 즐거움을 누릴 수 없기 때문입니다. 벤치가 젖어 있기 때문이죠. 젖은 벤치 때문에 앉지 못할 때 이런 생각을 자주 해보곤 했습니다.

"비나 이슬에 젖은 벤치를 바로 말릴 수 없을까?"

하지만 상상력의 한계 때문인지 마땅한 해결 방법을 찾지 못했습니다. 그렇게 젖은 벤치 앞에서 늘 발걸음을 돌려야 했죠. 그러다 '롤링 벤치'라는 아이디어를 본 뒤 세상에 천재는 많다는 것을 다시 한번 느꼈습니다. 벤치가 젖어 있더라도 바로 사용할 수 있는 기가 막힌 방법을 선보였기 때문입니다.

그 방법은 의자의 아랫면을 활용하는 것입니다. 벤치 옆의 레버를 돌리면 벤치 바닥이 돌아가며 위와 아래 부분이 뒤집힙니다. 젖은 면은 아래로 가고 젖지 않은 면은 위로 올라오는 것입니다. 그래서 젖은 벤치가 있더라도 레버를 돌려서 앉을 수 있습니다.

저는 젖은 벤치를 '말리는 것'에만 집중했습니다. 예를 들면 벤치에 열선을 설치해서 젖은 부분을 말린다든가, 젖은 벤치의 물기를 흡수할 수 있는 고효율 흡수 패드를 제공하는 방법을 떠올렸습니다. 하지만 이 아이디어를 선보인 박성우 디자이너는 '생각의 틀'을 완전히 깼습니다. 젖은 면을 말리는 것이 아니라 아예 젖지 않은 면으로 대체해주자는 제안을 한 것입니다. 이 아이디어는 실제로 현실에 적용된 아이디어가 아닌 콘셉트 아이디어입니다. 현실에 적용했을 때 더 고민이 필요한 부분도 있습니다. 예를 들면 좌석 위뿐만 아니라 그 반대편 부분도 비에 젖을 수 있습니다. 비가 올 때 아랫면이 젖지 않도록 어떻게 할 수 있는지가 숙제로 남아 있습니다.

그럼에도 '생각의 전환'이 인상 깊었습니다. 고객의 불편은 '젖은 벤치'가 아니라 '젖어서 앉을 수 없다는 것'이었습니다. 저는 '젖은 벤치'에 집중했기에 '말리는 것'에 집중했고, 롤링 벤치를 떠올린 디자이너는 '젖어서 앉을 수 없다는 것'에 집중했기에 젖지 않은 면을 제공하는 대안을 제시했습니다. 고객이 무엇을 불편해하는지 그 불편의 본질에 가까이 다가가는 것이 해결의 핵심이라는 것을 이 사례를 통해 되새겼습니다.

어린이를 위한 개인 정보 수집 및 이용 동의 안내

어린이 전용 포털 서비스 '쥬니어 네이버'는 아이들 역시 친숙하게 사용합니다. 그래서인지 네이버 회원 가입에는 특히 친절한 디테일이 있습니다. 바로 '어린이용 안내'입니다.

어린아이들에게 '가입 약관'은 어렵습니다. 어려운 용어가 가득하고 문체도 난해합니다. 약관은 어린이뿐만 아니라 어른에게도 어렵습니다. 그래서 약관을 읽고 가입하려고 해도 이해하기 어려워 포기하는 경험이 잦다 보니 읽지 않고 동의를 누르는 경우가 대부분인데요. 그래서 늘 가입 약관에 동의를 하며 '조금 더 쉽게 설명해줄 수는 없을까', '조금 더 핵심만 요약해서 보여줄 수는 없을까' 그런 생각을 했습니다.

그 아이디어의 실현 가능성을 네이버 가입 약관에서 발견했습니다. '개인정보 수집 및 이용 동의'란 옆에 '어린이용 안내'를 클릭하면 기존 문장보다 아이들이 훨씬 이해하기 쉽게 설명해주고 있습니다. 예를 들어 기존 약관에서는 회원 가입을 할 때 어떤 개인 정보를 수집하는지 아래와 같이 설명하고 있습니다.

회원 가입 시점에 네이버가 이용자로부터 수집하는 개인정보는 아래와 같습니다.

회원 가입 시에 '아이디, 비밀번호, 이름, 생년월일, 성별, 휴대전화번호'를 필수 항목으로 수집합니다. 만약 이용자가 입력하는 생년월일이 만 14세 미만 아동일 경우에는 법정대리인 정보(법정대리인의 이름, 생년월일, 성별, 중복 가입 확인 정보, 휴대전화 번호)를 추가로 수집합니다. 그리고 선택 항목으로 이메일 주소를 수집합니다.

딱딱하고 긴 문장으로 구성되어 있고, 14세 미만 아동일 경우

왜 법정대리인 정보를 추가로 수집하는지 그 이유가 설명되어 있지 않습니다. 하지만 어린이용 안내 페이지에서는 다음과 같이 안내합니다.

회원 가입을 할 때

이용자를 확인하고, 아이디를 만들기 위해 필요한 정보를 수집합니다. 아직 14살이 되지 않은 이용자(만 14세 미만 아동)의 개인정보를 수집할 때는 부모님 등 보호자(법에서 정하고 있는 대리인, 즉 법정대리인)의 동의를 받아야 하기 때문에 보호자 정보도 함께 수집합니다.

• 수집하는 개인정보

[필수] 아이디, 비밀번호, 이름, 생년월일, 성별, 휴대전화 번호
[선택] 이메일 주소, 프로필 정보

• 아직 14살이 되지 않은 이용자로부터 수집하는 보호자(법정대리인) 정보

보호자의 이름, 생년월일, 성별, 보호자 본인 확인에 이용되는 정보(DI), 휴대전화 번호

필수적으로 요구하는 정보와 당사자 선택에 따라 수집하는 정보가 보기 쉽게 나뉘어 있습니다. 왜 14살 미만 이용자에게는 보호자 정보를 받는지도 이해하기 쉽게 설명되어 있습니다. 기존 약관 설명보다 어린이 친화적인 사용성이죠.

이 디테일을 발견하고 '어린이용 안내' 페이지에서 개인 정보가

무엇이며 왜 중요한지도 설명해주면 어땠을까 하는 생각도 들었습니다. 제가 어렸을 때를 생각해보면 개인 정보라는 개념 자체가 생소했고, 개인 정보가 왜 중요한지 몰랐기 때문입니다. 기존 약관을 이해하기 쉽게 정리해주는 것도 좋지만, 그보다 개인 정보에 관해 아이들에게 먼저 개념을 설명해줘야 한다는 생각이 들었죠.

뿐만 아니라, 어린이용 안내는 사실 어른에게도 큰 도움이 됩니다. 기존 약관이 너무 어려운 탓이죠. 그래서 가입 약관을 정말 알기 쉽게 보여주는 서비스가 등장하면 그 서비스야말로 사용자 친화적 서비스로 고객에게 좋은 첫인상을 남길 수 있지 않을까요. 디지털 서비스에서의 '가입'은, 해당 브랜드와 지속적으로 연결되길 원하는 고객과의 첫 만남입니다. 이만큼 더 중요한 접점이 또 있을까요.

페널티와 리워드 사이에서

가족끼리 담양 여행을 갔습니다. 여행에 빠질 수 없는 것이 바로 맛집 방문이죠. 담양은 떡갈비가 유명한 지역입니다. 그 유래를 찾아보니 담양에 많이 자라는 대나무와 잘 어울리는 음식이 떡갈비라서 지역 대표 음식이 됐다고 합니다. 식당을 고르기 위해 지도 앱으로 찾아보다 한 식당 메뉴판에 시선이 꽂혔습니다. 바로 '음식물 쓰레기 줄이기' 캠페인 때문이었습니다.

음식물 쓰레기를 줄이기 위한 식당의 노력은 익숙합니다. 보통은 '음식물 남기면 벌금 1,000원'과 같은 방식이죠. 하지만 이 규칙이 지켜지는 경우를 많이 보지 못했습니다. 음식물을 남겼다고 해도, 식당 주인이 손님에게 '음식물 남겼으니 벌금 내세요'라는 말을 하기가 어렵기 때문입니다. 그래서 이 규칙은 유명무실해지고 가게의 음식물 줄이기는 잘 실천되지 않습니다.

하지만 이 식당은 전혀 다른 관점으로 접근했습니다. '음식물 남기면 벌금'이 아니라 '음식물을 안 남기면 할인'으로 다가간 것입니다. 패널티가 아니라 리워드라는 관점으로 음식물 쓰레기 줄이기를 시도한 것입니다.

해피데이 Happy Day

담양애꽃은 매월 한차례 '하루 매출액의 50%'를 지역사회에 기부하는
《해피데이》를 초록우산과 함께 진행하고 있습니다.
주변에 도움의 손길이 필요한 곳이 있으면 연락주시기 바랍니다.
작은 힘이나마 함께 하도록 노력하겠습니다.

Along with Green Umbrella, we host Happy Day once a month
where we donate 50% of the sales to the local community.
Please let us know of any places that are in need.
We will do our best to support.

음식물 쓰레기 줄이기 Food Waste zero

담양애꽃은 음식물 반려와 남은 음식 제로 운동을 통해 '음식물쓰레기줄이기' 문화를
먼저 만들어가고자 합니다. 우리가 함께 동참하면 약 18조가 낭비되는
음식물 쓰레기 자원이 줄어들 수 있습니다. 맛있게 식사 후 직원에게 말씀해
주시면 확인 후 1,000원씩 할인해 드립니다.
고객님께 드리는 정성어린 음식이 모두 고객님의 만족이 되고자 항상 노력하고 있습니다.
최선을 다한 음식과 편안한 분위기의 공간에서 고객님을 맞이할 수 있도록 노력하겠습니다.

With the food return and 'zero leftover' campaign,
Damyangaekkot tries to reduce food waste.
Together we can reduce the 18 trillion won wasted on food waste.
After enjoying your meal, let one of us know to receive a 1,000 won discount.
We try our best to satisfy all our customers with the food we prepare with care.
We will greet you with the best food and comfortable environment.

출처: 네이버 블로그 RADIANT

고객 입장에서는 어떨까요. 할인이라는 리워드를 얻기 위해 음식물을 남기지 않게 됩니다. 반찬을 추가 요청할 때도 음식물을 남기지 않기 위해 '조금만 주세요'라고 말하게 되죠. 그렇게 음식물 줄이기를 스스로 실천하면서 다 먹은 뒤 직원을 통해 '인증'을 받으면 뿌듯해집니다. '패널티'로 접근하는 식당에서는 하기 어려운 경험이기도 하죠.

저는 이 사례를 보고 한 가지 아이디어가 떠올랐습니다. 음식물을 남기지 않은 식탁을 SNS에 인증하면 추가 할인을 해주는 것입니다. 음식물을 남기지 않아 환경에 도움이 되는 '의미 있는 식사'를 했다는 점을 많은 사람에게 알릴 수 있도록 인증으로 유도하는 것입니다. 가게 이름을 해시태그로 추가하도록 유도하면, 가게가 실천하

고 있는 사회 공헌 캠페인을 홍보할 수도 있을 것 같고요. 또 '남김없이 다 먹었다'는 것은 이 집이 맛집이라는 의미이기도 하지 않을까요. 배달 앱 리뷰를 보면 남김없이 다 먹은 빈 그릇 사진을 올리며 맛있게 먹느라 사진 찍는 걸 깜빡했다는 코멘트가, 그 어떤 리뷰보다 더 믿음이 가는 것처럼 말이죠.

지도 위로 보는
버스 실시간 위치

약 2년 동안, 버스로 출퇴근을 했습니다. 그때 매일 궁금했습니다. 내가 타려는 버스가 어디까지 왔는지가요. 버스 앱이나 지도 앱을 보면 정류장을 기준으로 버스가 어디쯤 오는지는 알 수 있습니다. 하지만 지도 위에 실시간으로 보이는 것은 아니기 때문에 버스의 '정확한 위치'를 가늠할 수 없었죠. 그래서 단순한 직선 형태의 버스 노선도 위에서 보이는 버스 위치가 답답할 때가 있었습니다. 노선 위의 버스가 움직이지 않으면 왜 안 움직이는지 계속 새로고침 하게 되고, 갑자기 확 줄어든 도착 예상 시간에 헐레벌떡 집을 나선 적도 있습니다. 그럴 때마다 이런 생각이 들었습니다.

'버스의 실시간 위치를 '지도 위'에서 볼 수 있으면 좋겠다.'

그리고 현실이 되었습니다. 카카오맵이 도입한 '초정밀버스' 덕분입니다. 초정밀버스는 버스의 움직임을 10cm 단위로 1초마다 갱신하여 지도 위에 보여주는 서비스입니다. 2019년 제주도를 시작으로 22년 6월 기준으로 춘천, 울산, 목포로 제공 지역을 확대했습니다. 이 기능을 켜면 움직이는 버스의 위치를 지도 위에서 '실시간'으로 볼 수 있습니다.

　이 기능 덕분에 여러 불편함이 줄어들었습니다. 우선 내가 타려는 버스의 정확한 위치를 알 수 있습니다. 'n분 후 도착'보다 '실시간 위치'를 보여줄 때 시간에 맞춰 버스 정류장에 나가는 것이 더 수월합니다. 도착 예상 시간이 갑자기 늘어나거나, 갑자기 줄어들어서 버스 정류장에서 오래 기다리거나 버스를 놓치는 경우가 의외로 잦기 때문입니다. 그보다는 버스의 속도와 움직임을 실시간으로 보면서 정확히 언제쯤 나가면 버스를 탈 수 있겠다는 '예측 가능성'을 높일 수 있다는 점이 이 기능의 큰 장점입니다.

　움직이지 않는 노선 위의 버스 아이콘을 초조하게 보지 않아도 됩니다. 도로가 정체된다면 지도 위 버스는 아주 천천히 움직일 것입니다. 10cm 단위로 1초마다 갱신하여 보여주니 그 미세한 움직임까지 사용자가 바로 알 수 있습니다. 그럼 '지금 도로가 막혀서 버스가 늦는구나'라고 생각하며 초조한 마음을 내려놓을 수 있습니다. '불확실성'이 어느 정도 해소되었기 때문입니다.

'n분 후 도착'과 '노선 기준의 버스 위치'가 채워주지 못한 사람들의 요구를 '초정밀지도' 기능이 채웠습니다. 이 기능을 소개한 생각노트 인스타그램 포스트에 1,500개 이상의 댓글과 3만 개가 넘는 '좋아요'가 달리며 많은 분이 공감하기도 했습니다. 그만큼 많은 사람들이 원했던 기능이라는 의미겠지요.

버스는 지하철과 달리 '변수'가 많은 교통수단입니다. 교통사고, 도로 정체, 버스 고장, 회차 지점 대기 등 다양한 원인으로 '시간 정보'에만 의존하기에는 불안한 부분이 있습니다. 카카오맵은 지도 위에 버스 위치를 보여주면서 버스가 가진 '변수'를 사용자가 직접 알 수 있도록 했습니다. 사람들은 이제 지도 위 실시간 버스 움직임을 보며 도로가 정체되는지 회차 지점에서 대기 중인지 등을 조금이나마 예측할 수 있습니다. 예측을 가능하게 한 것만으로도 많은 버스 고객의 불편과 불안이 줄어들 것이라고 기대합니다. 불안과 불확실성을 줄여주는 것도 고객을 위한 디테일이 될 수 있기 때문입니다.

반찬 가게는 어떤 선물용 상품을 준비할 수 있을까?

아끼는 지인의 생일이 다가오면 생일 선물을 고민합니다. 제가 생각하기에 선물 준비는 가장 심혈을 기울이는 소비 행위 중 하나입니다. 내가 아는 상대방의 정보와 취향을 총동원하여 적합한 상품을 떠올리는 과정이기 때문입니다.

최근 본 생일 선물 중 가장 기억에 남는 선물은 '1인 생일상'이었습니다. 말 그대로 생일을 맞은 지인에게 '생일상'을 통째로 선물로 보내주는 것입니다. 생일상은 밥과 미역국을 기본으로 하여 전, 불고기, 잡채, 샐러드, 삼색나물 등의 한식 반찬으로 구성되어 있는데요. 마치 부모님이 차려준 듯한 따뜻한 생일상을 보내줄 수 있다는 점에서 그 어떤 선물보다 따뜻하고 정이 넘친다고 느꼈습니다. 그리고 나도 소중한 사람의 생일이 오면 이 선물을 보내야겠다는 생각이 들어 즐겨찾기를 해두었죠.

이런 기발한 선물 상품은 누가 만들었을까. 궁금해서 찾아본 결과 '소중한식사'라는 반찬 가게가 그 주인공이었습니다. 반찬 가게라는 사실을 알고 나니 발상이 더욱 신선하게 느껴졌습니다. 자신의 강점인 반찬을 적극 활용하여 새로운 상품을 발굴해 고객에게 선보

출처: 소중한식사

였다는 점이 흥미로웠기 때문입니다.

　도쿄에서 만난 한 정육점이 고기 고로케를 함께 팔아 큰 인기를 끌었던 장면이 자연스럽게 떠올랐습니다. '신선한 고기'라는 정육점의 핵심 상품을 활용한 부가 상품을 개발해서 가게 입장에서는 수익을 거두고, 고객 입장에서는 정육점의 신선한 고기로 만든 고로케를 먹는 경험을 제공받은 것이죠.

　소중한식사는 '정성 들여 만든 맛있는 반찬'이라는 핵심 상품을 그대로 활용해서 생일상이라는 부가 상품을 만들어 새로운 수익을 창출했습니다. 고객 입장에서는 아끼는 지인에게 생일상을 차려준 듯한 경험을 할 수 있게 됐죠. 핵심과 본질은 그대로 유지한 채 새로운 가치를 만들어내는 사례가 더 많아졌으면 좋겠습니다. 반찬가게가 '1인 생일상'으로 상품 영역을 확장한 것처럼 말이죠.

재활용인지 아닌지
고민이 될 때

분리수거를 하다가 갸우뚱할 때가 있습니다. 재활용이 가능한지 헷갈리기 때문입니다. 재활용 기준이 생각보다 엄격하다는 이야기를 어디선가 들은 후에는 분리수거를 할 때 머릿속이 더 혼란스러워졌습니다. 애매할 때는 '검색 찬스'를 쓰는데요. 재활용 가능 여부에 관한 판단이 서로 달라서 누구의 말이 맞는지 찾아보다가 결국 재활용을 포기하곤 했습니다. 그러면서 이런 생각이 들었습니다. '재활용품인지 아닌지 애매한 물건만 모아 명쾌하게 알려주는 콘텐츠가 있다면 어떨까'라고 말이죠.

　속으로만 담고 있던 아이디어를 부산광역시는 콘텐츠로 만들어냈습니다. 제목부터 심플하고 명쾌합니다. '재활용품인 척하는 쓰레기'. 제목만 봐도 재활용품인지 헷갈리는 케이스를 모아뒀다는 것을 딱 알 수 있죠. 실제로 분리수거를 할 때 헷갈렸던 사례가 잘 담겨 있었습니다. 그동안 재활용이 불가능한데 재활용품으로 버린 적이 많았다는 것을 깨달으며 반성하기도 했습니다.

　주변에도 분리수거 기준에 관해 잘못 알고 있는 분이 있을 것 같아서 이 이미지를 공유했습니다. 반응은 저와 비슷했습니다. '재

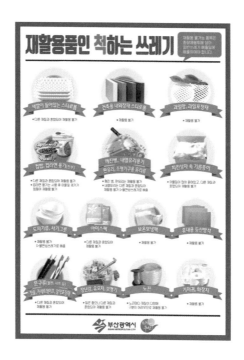

활용품이 아니었어?' 하는 반응이었죠.

쓰레기를 배출하지 않는 것이 최선이겠지만 쓰레기를 배출할 수밖에 없다면 자원의 재활용을 위해 분리수거를 잘해야 합니다. 헷갈리는 재활용품을 빠르게 찾을 수 있으면 좋겠습니다. 포털 사이트에서 '스티로폼'을 검색했을 때 '스티로폼 분리수거 방법'이라는 정답형 검색이 최상단에서 보여지는 것은 어떨까요. 아니면 기술을 활용해 사진을 찍으면 재활용 가능 여부를 알려주는 서비스도 좋을 것 같습니다. 위 사진 한 장이 SNS에서 크게 바이럴 됐던 점을 고려하면 재활용을 마주하는 수많은 고객의 불편을 줄여줄 수 있는 좋은 해결법이 될 수 있지 않을까요.

보행자의 시간과 안전을 지키는 불빛

최근 들어 횡단보도에도 '디테일'이 추가되었습니다. 대표적인 예가 '바닥 신호등'입니다. 건너기 위해 기다리는 인도 바닥에 신호등을 심은 것이죠.

이 신호등은 스마트폰을 들여다보는 보행자의 안전을 지켜줍니다. 많은 보행자들은 스마트폰을 보면서 횡단보도 신호를 기다리죠. 그렇다 보니 건너편에 위치한 보행자 신호등을 자주 놓치게 됩니다. 또는 신호가 바뀐 것을 늦게 깨닫고 서둘러 건너다 사고가 발생하기도 하죠. 바닥 신호등은 이런 위험한 상황을 줄여줍니다. 바닥에 LED가 심겨 있어 불빛이 바뀌면 스마트폰을 보고 있더라도 바로 인지할 수 있는데요. '횡단보도를 기다릴 때 스마트폰은 가급적 보지 마세요'라고 말하는 것보다 차라리 스마트폰을 보는 보행자를 '보행자의 새로운 습관'으로 인지하고 횡단보도 시스템의 개선점을 고민한 점이 흥미로웠습니다.

운전을 하다 보니 야간 운전 시 바닥 신호등이 운전자에게도 좋다는 사실을 깨달았습니다. 간혹 우회전을 할 때 운전자의 시야에 횡단보도 신호등이 잘 보이지 않아 급정거를 하는 경우가 있는데요.

하지만, 횡단보도 양쪽 바닥에서 빛나는 LED 불빛이 있으면 야간 운전할 때 횡단보도를 훨씬 쉽게 인지할 수 있습니다. 멀리서도 횡단보도 신호를 알 수 있는 장점도 있죠. 이렇게 운전자가 더 명확하게 인지할 수 있게 되면 자연스럽게 보행자 사고도 줄어들게 될 것이라 생각합니다.

　최근 몇 곳의 지자체는 '스마트 횡단보도'를 도입하겠다고 발표했습니다. 스마트 횡단보도는 바닥 신호등뿐만 아니라 횡단보도를 건너는 보행자가 있으면 신호가 자동으로 길어지는 시스템도 포함하고 있죠. 이 시스템이 도입되면 거동이 불편한 보행자도 편안하게 횡단보도를 건널 수 있습니다. 매일 건너는 사람의 마음을 생각하는 기획자가 있다는 것을 새삼 깨달았습니다.

기부를 활성화하는
재미있는 아이디어

"나의 기부금은 누구에게 어떻게 쓰일까?"

비록 큰 금액은 아니지만 매달 조금씩 기부를 하는 저는 이 부분이 항상 궁금했습니다. 선물을 할 때 기분 좋은 이유는 받는 사람이 명확하고 그 사람에게 조금이나마 기쁨을 주었다는 만족감 때문입니다. 기부를 할 때도 내 기부로 사회가 어떻게 바뀌었는지 혹은 누군가가 어떤 도움을 받았는지 구체적으로 알고 싶습니다. 물론 기부라는 행위 자체만으로도 충분한 의미를 둘 수 있지만 기부 문화가 더 많이 활성화되기 위해서는 기부자가 보람을 더 느낄 수 있어야 한다고 생각합니다.

그런 면에서 온라인에서 발견한 기부 사이트가 인상적이었습니다. 바로 SK 행복 나눔 재단이 운영하고 있는 '곧장기부'라는 곳입니다. 이곳이 독특한 점은 나의 기부금이 어떻게 쓰이는지 매우 구체적으로 알 수 있는 구조로 운영된다는 점이었습니다. 예를 들면 한 지역 아동 센터의 아이들이 물놀이를 가게 되어 필요한 물품이 있습니다. 그럴 때 필요한 상품을 인터넷 쇼핑몰에서 찾아 곧장기부에 등록합니다. 수영복 4개, 아쿠아 슈즈 4개와 같은 식으로 말이죠.

장바구니가 곧장

	SSG.COM 아동레쉬가드세트 (상의+하의+플랩캡+아쿠아슈즈+비치백 +비치타올) 6피스 균일행사 개당 39,000원	1개	39,000 원
	SSG.COM 블랙 5피스 M~4XL 남자레쉬가드 남성수영복 여성레쉬가드세트 빅사이즈수영복 집업레쉬가드 커플수영복 레쉬가드세트 개당 38,314원	2개	76,628 원
	SSG.COM 블랙 5피스 M~4XL 남자레쉬가드 남성수영복 여성레쉬가드세트 빅사이즈수영복 집업레쉬가드 커플수영복 레쉬가드세트 개당 38,314원	4개	153,256 원
	SSG.COM 아모스 대용량 600g 아이클레이 버켓 개당 16,700원	7개	116,900 원

장바구니는 후원 페이지에서 모두가 볼 수 있습니다. 후원자는 이 장바구니에 후원을 합니다. 모금액이 달성되면 곧장기부 측이 이 물품을 구입하여 지역 아동 센터로 발송합니다. 배송 상황까지 기부자에게 공유해서 아이들이 물품을 언제 받았는지도 기부자가 정확하게 알 수 있습니다. 이런 구조를 통해 기부금이 누구에게 어떻게 쓰였는지를 투명하게 공개하고 있습니다.

이는 미국의 크라우드 펀딩 비영리단체인 도너스추스(Donors Choose)와 비슷합니다. 도너스추스는 후원금을 직접 전달하지 않고 필요한 물품을 도너스추스가 구매한 뒤 배달합니다. 또한 기부자에게 꼼꼼하게 정리된 재정 보고서를 주기적으로 보내 기부자의 돈이 정확히 어디로 가는지 알려주죠. 기부를 받는 것에서 끝난 것이 아니라 그 이후의 과정을 더 세심하게 챙기는 것입니다. 물론 이런 기부 구조의 한계도 있습니다. 곧장기부는 물품 후원만 가능하며, 게다가 특정 인터넷 쇼핑몰(SSG.COM)에 등록된 상품으로만 후원이 가능합니다.

이 사이트가 의미 있다고 생각했던 이유는 기부자가 원하는 정보를 알려주기 위해 새로운 구조를 만들어냈다는 점이었습니다. 내가 기부한 금액이 어떻게 쓰이는지 피드백을 받지 못하는 상황이 지속되면 기부의 의미를 찾기 쉽지 않을 수 있습니다. 게다가 기부금을 의도에 맞지 않게 사용해서 발생한 사고 뉴스를 보면 나의 기부금이 잘 쓰이고 있는지 더욱더 궁금해집니다.

그런 점에서 단순 금액 기준으로 기부를 받는 것이 아니라, 내 기부금이 구체적으로 어떻게 쓰일 것인지를 '미리' 알고, 후원 진행 상황을 투명하게 알 수 있는 곧장기부의 실험이 기부자 입장에서는 반가울 수밖에 없습니다. 기부를 받는 것에만 그치는 것이 아니라 기부의 '결과'를 더 구체적이고 생생하게 알려주려는 다양한 시도가 진행되고 있습니다.

앱 업데이트 설명을
활용하는 방법

지그재그의 디테일을 다룰 때 언급했듯이 앱 업데이트를 할 때 유독 업데이트 설명을 관심 있게 살펴봅니다. 서비스에 어떤 변화가 있는지 직접적으로 알 수 있는 영역이자 앱 서비스의 트렌드를 배울 수 있는 공간이기 때문입니다.

하지만 의외로 많은 서비스가 '버그를 수정했습니다', '더 나은 앱으로 만들었습니다'와 같이 다소 추상적으로 적어두고 있습니다. 개인적으로는 이런 서비스를 만나면 조금 아쉽기도 합니다. 앱 서비스가 사용자와 만나는 몇 안 되는 접점을 충분히 신경 쓰지 않았다는 인상을 받기 때문입니다.

2015년 테크 미디어 매체 《테크 브런치》에는 '앱 업데이트 설명이 갈수록 멍청해지고 있다'라는 글이 실려 화제가 된 적이 있습니다. 사용자 관점에서 앱에 관한 정보, 예를 들면 어떤 기능이 추가되거나 빠졌는지 등을 알지 못한 채 업데이트를 하고 나서야 알게 되는 점에 관한 비판이었습니다. 이 글의 마지막 문장이 아직도 기억에 남습니다.

"Everyone has a right to know what that software

update includes(모든 사용자는 해당 소프트웨어 업데이트에 포함된 내용을 알 권리가 있습니다).”

OTT 서비스 ‘왓챠’는 앱 업데이트 설명을 서비스 성격에 맞게 꾸준히 잘 활용하고 있습니다. 바로 앱 업데이트 설명란에 최근 왓챠에서 인기 있는 최신 영화, 최신 시리즈를 적어두는 것입니다. 콘텐츠 서비스의 가장 큰 업데이트는 ‘콘텐츠’입니다. 물론 플레이어와 같은 앱 소프트웨어도 중요하지만 OTT 구독자에게는 이 서비스에서 볼 수 있는 콘텐츠가 무엇인지가 가장 중요합니다. 그래서 왓챠는 사용자를 만나는 이 접점의 공간을, 자신들이 제공하는 인기 콘텐츠 업데이트 리스트로 꽤 오랫동안 활용하고 있습니다.

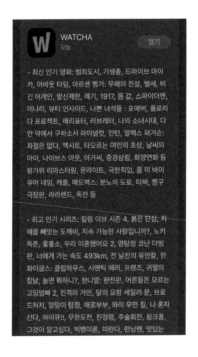

별것 아닌 공간으로 보이는 앱 업데이트 설명을 어떻게 바라보고 활용할 수 있을까요. 사용자와 접점을 중요하게 생각하는 서비스는 앱 업데이트를 잘 활용합니다. 그리고 왓챠같이 서비스의 특성을 살려 이 공간을 더 효율적으로 쓰는 서비스도 있습니다. 사소한 부분까지 세심하게 챙기는 서비스에 마음이 더 가는 것은 당연한 일이고요. 앱 업데이트 설명 덕분에 알게 된 인기 콘텐츠를 보러 왓챠 앱을 여는 것은 덤입니다.

뚜벅이 여행객의
무거운 여행 가방

뚜벅이 여행을 할 때 고민되는 것 중 하나는 '캐리어 보관'입니다. 특히 여행을 시작한 날과 여행을 마치는 날이 제일 고민이죠. 여행을 일찍 시작하면 숙소 체크인 시간인 오후 3~4시까지 캐리어를 계속 끌고 다녀야 합니다. 여행 마지막 날도 마찬가지죠. 체크아웃 시간이 보통 오전 10~11시이기 때문에 저녁 늦게까지 일정이 있는 경우 캐리어를 가지고 다녀야 하죠.

제주도 여행객이 여행 첫날과 여행 마지막 날 캐리어를 맡기고 편하게 여행할 수 있는 '가방을 부탁해'라는 서비스를 알게 됐습니다. 이 서비스는 공항에서 숙소 그리고 숙소에서 공항까지 캐리어를 옮겨주는 서비스입니다. 공항에 도착해서 캐리어를 맡기면 짐 없이 하루를 알차게 보내다가 숙소에서 캐리어를 만날 수 있습니다. 여행을 마칠 때도 마찬가지입니다. 숙소에서 짐을 맡기면 짐 없이 시간을 보내다 공항에서 캐리어를 다시 만날 수 있죠. 배송 상황을 사진으로 확인할 수 있어 안심할 수 있습니다. 여행객이 겪는 불편과 니즈를 다음과 같이 파악하고 이를 '짐 옮기기 서비스'로 해소해주는 아이디어가 신선해 보였습니다.

여행객이 겪는 불편한 상황

① 숙소 체크인까지 시간이 많이 남아 있을 때 짐을 숙소에 맡
기려면 여행 동선이 꼬인다.

② 체크아웃 후부터 출국 전까지 무거운 캐리어를 가지고 다녀
야 한다.

여행객의 니즈

① 캐리어를 숙소 또는 공항으로 바로 보낼 수 있으면 좋겠다.

② 두 손이 자유로운 상태로 여행을 다니면 좋겠다.

짐 옮기기 서비스는 여러 유사 업체가 등장할 정도로 안정적인
사업 모델이 되고 있습니다. 제주도뿐만 아니라 뚜벅이 여행객이 자
주 찾는 도시에서도 어렵지 않게 찾을 수 있습니다. 부산에서는 '짐
캐리', 강릉에서는 '픽업투유'라는 서비스가 인기를 끌고 있죠.

여행 일정을 일찍 시작하지만 숙소 체크인은 늦을 때, 숙소 체

크아웃은 이르지만 오후까지 알차게 여행하고 싶을 때 여행객이 겪는 어려움을 잘 포착했습니다. 숙소 운영 시간에서 기인한 문제를 비즈니스 모델로 만들어 풀어내고 있다는 점도 인상적이었고요. 아이디어를 실제 사업으로 실현해내는 건 어려운 일이니까요.

사이즈가 고민되는
온라인 옷 쇼핑

온라인에서 옷을 구매할 때 2가지 고민이 있습니다. 하나는 컬러이고, 다른 하나는 사이즈입니다. 오프라인에서 직접 보거나 입어보고 샀을 때의 장점이 온라인에서는 고스란히 단점이 되는 셈입니다.

특히 어려운 것은 '사이즈'입니다. 컬러는 실구매 고객의 리뷰 사진 등을 통해 컬러감을 대략 파악할 수도 있지만 사이즈는 그렇지 않습니다. 리뷰 작성자의 체형이 모두 제각각이거나 체형에 관한 정보가 누락된 경우가 많아 내가 이 사이즈를 입었을 때 맞을지, 클지 작을지 계속 고민하게 됩니다. 하지만 이곳에서 옷을 살 때는 사이즈 고민을 조금은 덜게 됩니다. 바로 무신사입니다. 무신사가 제공하는 2가지 기능 덕분에, 무신사에서 옷을 구매할 때만큼은 사이즈 고민을 덜하게 됩니다.

먼저 다른 리뷰어의 사이즈 리뷰입니다. 무신사 상품 페이지를 보면 옵션 바로 밑에 '사이즈 추천'이라는 공간이 있습니다. 이 공간은 실제 이 제품을 구매한 고객의 키, 몸무게, 구매한 상품 사이즈가 보입니다. 이와 더불어 제품을 착용하고 사이즈를 어떻게 느꼈는지 함께 표시됩니다. 이렇게 말이죠.

[회원 추천] (남자 175cm/68kg) 기준
적당함 30 Size 구매

[회원 추천] (남자 174cm/65kg) 기준
큼 28 Size 구매

수많은 고객의 사이즈 리뷰를 살펴보면서 내 키와 몸무게에 가장 잘 맞는 사이즈를 대략적으로 유추할 수 있습니다. 이를 통해 사이즈 실패 확률이 줄어들게 되죠.

다음은 '마이 사이즈' 기능입니다. 가장 정확한 것은 수치를 정확히 비교해보는 것입니다. 무신사는 이를 위해 '마이 사이즈' 메뉴를 만들었습니다. 의류 카테고리별로 기존에 보유한 옷 중 가장 잘 맞는 사이즈의 제품을 실측해서 마이 사이즈에 입력하면, 이 실측 정보를 기준으로 제품의 사이즈를 추천해주는 것입니다. 예를 들면 반팔 티셔츠의 경우 다음과 같습니다.

① 반소매 티셔츠 카테고리를 선택합니다.
② 가장 잘 맞는 반소매 티셔츠의 수치를 예시 이미지 기준에 맞춰 마이 사이즈에 입력합니다.
③ 티셔츠 제품 페이지에 들어가면 나에게 가장 잘 맞을 사이즈 정보가 파란색 음영으로 보입니다.

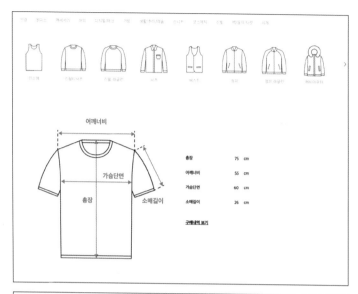

cm	총장	어깨너비	가슴단면	소매길이
MY	75	55	60	26
XS	59	42	48	18.5
S	66	49.5	51.5	22.5
M	70	51.5	55	24
L	72	53	57.5	25
XL	74	54.5	60	26
XXL	76	56	62.5	27

같은 어깨너비라 하더라도 브랜드와 고객이 각각 생각하는 어깨너비의 측정 기준이 다르기 때문에 사이즈 정보가 무용지물일 때가 많습니다. 무신사에서는 이 문제를 해결하기 위해 '측정법' 가이드를 만들었습니다. 그리고 이를 고객과 브랜드가 공통으로 사용하도록 하여 측정의 기준점을 일치시켰습니다. 그 결과, 내게 잘 맞는 옷의 사이즈와 최대한 비슷한 사이즈로 구매할 수 있게 되었죠.

일본 최대 인터넷 패션 쇼핑몰인 조조타운도 사이즈로 고민하는 고객의 문제를 해결하기 위해 깊게 고민했습니다. 고민의 결과 나오게 된 것이 바로 '조조슈트'입니다. 조조슈트는 신체 사이즈를 정확히 측정해주는 도구입니다. 이 도구는 슈트, 종이 스탠드로 구성되어 있습니다. 조조슈트를 입고 조조타운 앱이 설치된 스마트폰을 종이 스탠드에 올려놓은 후 측정 버튼을 누릅니다. 그럼 조조슈트에 내장된 1만 5,000개의 센서가 고객의 체형을 360도로 측정해 앱에 기록합니다. 그리고 이 수치는 조조타운에서 옷을 살펴볼 때 최적의 사이즈를 고르는 데 도움을 주며 맞춤 정장을 주문할 때 활용되기도 합니다.

온라인 쇼핑에서 다수의 교환 사유는 사이즈 착오라고 합니다. 무신사는 고객이 알맞은 옷 사이즈를 가늠할 수 있는 기능을 제공해서 구매자의 불편을 줄이고 사이즈 교환을 진행해야 하는 판매자(입점사)의 불편을 모두 줄여주고 있습니다. '사이즈 정보' 기능은 고객에게 무신사에서 제품을 구매해야 하는 이유가 되기도 합니다. 사소해 보일 수도 있는 작은 배려가 만든 여러 주체의 이익은 생각보다 훨씬 더 클지도 모르겠습니다.

발 길이뿐 아니라
'발볼'에도 신경 쓰는 브랜드

스포츠 브랜드 '뉴발란스'의 운동화를 살펴보면 독특한 사이즈 하나를 발견할 수 있습니다. 바로 발볼 사이즈입니다. 다수의 브랜드가 발 길이만을 신발 사이즈로 보고 있는 것에 반해, 뉴발란스는 발볼도 신발 사이즈의 일부라고 여겨 고객이 직접 선택할 수 있도록 돕고 있습니다.

뉴발란스가 발볼 사이즈를 도입한 이유는 그들의 출발에서 엿볼 수 있습니다. 《디스 이즈 브랜딩》(턴어라운드, 2019)의 저자 김지헌은 브랜드가 고객에게 우호적인 이미지를 연상하도록 만들 수 있는 혜택을 다음과 같이 분류했습니다.

1. 소비자가 느끼는 현재의 기능적 문제를 해결하거나 또는 미래의 기능적 문제를 예방해주는 기능적 혜택.
2. 소비자가 자아 이미지, 사회적 지위, 소속감 등을 표현할 수 있도록 도와주는 상징적 혜택.
3. 소비자가 브랜드를 이용할 때 오감 또는 지적 즐거움을 제공하는 경험적 혜택.

뉴발란스는 기능적 혜택에 집중해 출발한 운동화 브랜드입니다. 뉴발란스 창업자 윌리엄 라일리는 가늘고 긴 닭발이 온몸을 지탱하는 것을 신기하게 여겼습니다. 이 연구가 뉴발란스의 시작입니다. 뉴발란스는 "불균형한 발에 새로운(New) 균형(Balance)을 창조한다"라는 브랜드 이름 그대로 오래 서 있거나 걷는 사람들, 발 모양이 독특하거나 걸음이 부자연스러운 사람들이 균형감 있게 잘 걸을 수 있도록 돕는 브랜드입니다.

이를 위해 도입한 것 중 하나가 '발볼 사이즈'입니다. 균형감을 유지하면서 편하게 걷기 위해서는 각자의 발볼에 맞는 운동화를 신는 것이 중요하다고 생각했죠. 그렇게 뉴발란스는 발볼 사이즈별로 다양한 사이즈의 신발을 출시했고 기성 운동화와 발볼이 맞지 않아 고민하던 고객의 불편을 해결해주는 브랜드로 자리 잡았습니다.

뉴발란스 운동화 구매 후기를 살펴보면 '발볼이 넓어서 편하다'라는 이야기가 다른 운동화에 비해 많은 편입니다. 발볼 사이즈를 표준화하고 다양화하면서 발볼 사이즈가 고민인 고객을 끌어들인 결과입니다. 그리고 한 번 만족한 고객은 그다음 운동화도 뉴발란스에서 구매할 확률이 매우 큽니다. 발볼 하나로 팬을 만들어내고 다

발볼(남)	발볼(여)
☐ D(보통)	☐ B(보통)
☐ 2E(약간 넓음)	☐ D(약간 넓음)
☐ 4E(넓음)	☐ 2E(넓음)
☐ M(보통)	☐ M(보통)

른 운동화 브랜드와 차별화도 이뤄낸 것이죠. 좁히면 더 선명해지는 것이 브랜딩이라는 생각이 들기도 했습니다. '다 갖춘 운동화'보다 '발볼이 편한 운동화'가 더 뾰족한 구매 동기와 열렬한 팬을 만들어 낸다는 생각이 들었죠. 그리고 그 뾰족함은 고객의 불편과 니즈에서 출발할 확률이 높습니다.

어르신을 위한
ATM

역삼역에 위치한 신한은행 지점. 이곳의 ATM 기기를 살펴보면 일반적인 은행의 ATM 화면과 다르다는 것을 단번에 알아챌 수 있습니다. 큰 글씨와 단순한 색상 그리고 ATM의 핵심 기능을 이해하기 쉬운 '고객 언어'로 표현한 화면. 바로 '시니어 고객'을 위해 준비된 ATM입니다.

ATM 사용을 어려워하는 어르신이 많습니다. 우선은 작은 글씨 때문입니다. 다양한 버튼에 적힌 글씨 크기가 너무 작아 작은 글씨가 잘 보이지 않는 어르신에게는 역경일 때가 많습니다. 게다가 의미를 축약해서 사용하는 메뉴명으로 인해 어떤 버튼을 눌러야 원하는 것을 할 수 있을지 막막할 때도 있습니다.

이를 위해 신한은행은 자주 쓰는 메뉴만 남기고 사용자 친화적 언어로 변경했습니다. 출금을 '돈 찾기', 입금을 '돈 넣기', 송금을 '돈 보내기'와 같이 표현한 것이죠. 부가적으로 글씨 크기도 확대하고 잘 보이는 색상으로 변경했습니다. 안내 음성 속도도 기존보다 30% 정도 느린 초당 4음절로 변경했다고 하니 그야말로 시니어 고객을 위한 디테일이 가득 담긴 ATM이라 할 수 있습니다.

전 이 사례를 보면서 글씨를 키운 것도, 색상을 변경한 것도 좋았지만 '공급자 언어'에서 '사용자 언어'로 변경한 것이 더 인상 깊었습니다. 어떻게 보면 쉬운 언어의 사용은 시니어 고객만을 위한 것은 아닐 수 있습니다. 일반 사용자도 훨씬 더 잘 이해할 수 있고, 특히 어린이나 청소년에게도 유용할 것입니다. 통속적으로 써온 공급자 중심 용어에서 사용자가 단번에 이해할 수 있는 언어로 ATM 기기의 메뉴명을 바꿨다는 점이 돋보였습니다.

최근 키오스크를 통해 주문을 받는 오프라인 매장이 늘어나고 있습니다. 인건비를 절약하고 무인화 매장이 늘어나면서 키오스크 주문이 일반화되고 있죠. 하지만 이로 인해 디지털에 취약한 고객층은 오프라인에서조차 어려움을 겪고 있습니다. IT 업계에서 일하고 있어 디지털에 그나마 친숙한 편이라고 생각하는 저도 가끔은 키오스크 주문을 할 때 헤매는 경우가 있는데요. 그렇다면 디지털에 취약한 고객층은 얼마나 더 키오스크로 인한 주문이 힘들까요.

서울시에서는 키오스크 이용 시 디지털 약자를 기다려주는 '천천히 해도 괜찮아요' 캠페인을 벌이고 있습니다. 디지털 격차 해소를 위한 디지털 포용 운동의 일환이라고 할 수 있는데요. 키오스크 사용법을 배울 수 있는 온라인 교육 과정을 제공하고, 오프라인에서 디지털 기기를 직접 체험하고 실습할 수 있는 시설을 갖추고 있습니다. 또한 '디지털 안내사' 인력을 도입하여 스마트폰과 키오스크 사용법을 직접 알려주는 제도도 도입했습니다. 정보 격차를 중요한 사회적 문제이자 시민의 불편으로 인식하고 이를 해소하기 위해 노력을 기울이고 있는 것입니다.

이와 같이 기존 키오스크를 더 잘 사용할 수 있는 교육도 중요하지만 신한은행 ATM처럼 아예 시니어 전용 키오스크가 있다면 어떨까요. 주문에 핵심적으로 필요한 기능만 남겨 꼭 필요한 정보만 강조해서 보여주고 화면의 언어도 사용자 언어로 보여주는 것입니다. 또한 한 단계 내에서 여러 가지 액션을 수행하게 하지 않고, 모든 여정을 단계별로 나누어 하나씩 따라가면 주문을 완료할 수 있도록 설계해보는 것도 좋을 것 같습니다. 또한 시니어 전용 키오스크가 별도로 배치되어 있다면 뒷사람 눈치를 볼 필요도 조금은 줄어들지 않을까요. 키오스크 디테일로 시니어 고객을 사로잡는 브랜드가 등장하길 기대해봅니다.

파스가
밖으로 나온 이유

손목이 아프거나 어깨가 뭉칠 때가 잦아 약국에 자주 들러 파스를 구매하곤 하는데요. 약국에서 판매하는 파스 종류는 정말 다양합니다. 모두 비슷한 효능을 강조하는 듯 보이지만 미묘하게 다른 부분이 있습니다. 예를 들면 재질, 크기, 접착력, 색 같은 것들이죠.

하지만 파스는 밀봉된 비닐 안에 들어 있어 제품의 자세한 스펙을 파악하기 어렵습니다. 크기와 색이 예상과 달라 구매를 후회한 적도 여러 번 있었습니다. 구매의 시행착오 끝에 제가 원하던 파스를 찾았고 이제는 해당 제품만 구매하고 있습니다.

그러다가 통영 여행 때 들른 한 약국의 가판대를 보고 속으로 감탄사를 외쳤습니다. 파스가 진열된 이 가판대는 파스의 실제 제품을 꺼내서 '샘플'로 보여주고 있기 때문입니다.

제가 들러본 많은 약국 중 '파스' 샘플을 보여주는 곳은 없었습니다. 파스를 구매하기 전 단계에서 고객이 어떤 고민을 하는지 간파한 약사는 제품 안에 밀봉된 파스를 꺼냈습니다. 그 결과 파스를 구매하는 고객의 고민은 줄어들었습니다. '이 정도 사이즈구나', '이런 컬러구나', '이런 재질이구나', '이런 모양이구나' 파악할 수 있어

'구매 실패 확률'을 줄였죠. 또한 파스에 관해 약사에게 묻는 일도 자연스럽게 줄어들어 보여 약사에게도 큰 도움이 되는 디테일로 보였습니다. 이 파스 가판대를 보면서 고객의 구매 이전 단계에서 브랜드가 선보일 수 있는 디테일 사례가 떠올랐습니다.

제가 교토 여행에서 머물렀던 밀레니얼스 교토는 여행 일주일 전, 여행 때 가보면 좋을 장소를 추천해주는 뉴스레터를 보냅니다. 해리포터 테마파크는 기대감을 극대화하기 위해 고객이 테마파크를 방문하기 전, 테마파크 지도를 보냅니다. 포르쉐는 자체 앱을 통해 차량 배달 전, 차량 사용법을 고객에게 전달해 고객이 차량을 받으면 올바른 사용법으로 운전을 할 수 있도록 돕고 있습니다.

약국의 사례는 구매 전에 겪는 불편을 해결해주는 디테일, 밀레니얼스 교토와 해리포터, 포르쉐의 사례는 경험 전 기대감을 불러일으키는 디테일로 볼 수 있습니다. 모두 구매 또는 경험 이전 단계에 놓여 있는 고객을 잘 챙겼다는 공통점이 있습니다. 내 고객에게 구매 이전 단계에서 어떤 것이 필요한지 고민해보는 기회가 되면 좋겠습니다.

방문할 때마다 쿠폰 찍는
재미를 선사하는 그림 쿠폰

매해 생각 주간을 보내고 있습니다. 생각이 필요한 고민을 정리한 뒤, 해당 기간에 집중적으로 고민해보고, 고민의 답을 얻기 위해 독서에 집중하는 시간이 생각 주간입니다. 빌 게이츠가 생각 주간을 주기적으로 보낸다는 기사를 본 뒤 저도 따라 해보기 시작했는데요. 생각이 단단해지고 앞으로 나아가야 할 방향이 선명해지는 경험을 하면서 생각 주간을 주기적으로 보내고 있습니다. 2022년 제가 생각 주간을 보낸 장소는 통영과 경주였습니다. 그중에서도 통영을 먼저 방문하게 됐는데요. 통영의 여러 장소 중 생각 주간을 보내기 좋은 장소로 꼭 가보고 싶던 곳은 '브라운핸즈 통영 국제 음악당점'이라는 곳이었습니다.

가게에 들어가 통창 앞에 자리를 잡은 뒤, 어떤 음료를 주문했습니다. 직원이 친절하게 주문을 확인하고, 쿠폰을 하나 건넸는데, 쿠폰 모양이 조금 특이했습니다. 보통은 숫자가 있고 그 위에 도장이 찍혀 있는 모양이었다면, 이곳에서 받은 쿠폰에는 책상 하나가 달랑 그려져 있었습니다. 무엇일까 궁금해하던 순간 직원이 제 표정을 봤는지 설명을 덧붙였습니다.

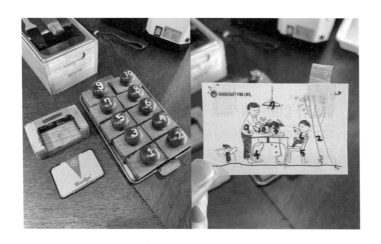

"오실 때마다 순서대로 도장을 찍으면 그림이 완성돼요."

계산대 앞에는 1부터 10까지 숫자가 적힌 도장이 있었고, 그 옆에는 순서대로 도장을 찍으면 어떤 그림이 완성되는지를 예시로 보여주고 있었습니다.

이 도장을 보면서 들었던 첫 번째 생각은 '재미'였습니다. 방문할 때마다 숫자로 카운트를 하는 것이 아니라 그림이 조금씩 완성되는 것을 경험하면 고객 입장에서는 더 재밌는 '방문 경험'이 되겠다는 생각이 들었습니다. '카페 방문 = 그림 쿠폰 완성하기' 공식이 자연스럽게 만들어지며 방문 전부터 이곳에서의 경험이 기대되고 주문이 설레는 경험마저 가능해 보였습니다.

또한 그림 도장을 고객이 직접 찍는 과정이 이곳에서만 경험할 수 있는 독특한 '공간 경험'이라는 생각도 들었습니다. 보통은 쿠폰 도장을 직원이 찍어주고 고객에게 건네는 경우가 많은데요. 이곳에서는 고객이 직접 쿠폰을 찍어 완성해가니, 이 공간에서만 제공하는 소소한 액티비티가 되었습니다. '다음에는 어떤 그림이 추가될까?', '점점 그림이 완성되어가네', '얼른 또 와서 그림을 완성해야지'라는 생각이 자연스럽게 들지 않을까요.

이 쿠폰을 보고 떠오른 쿠폰 하나가 있었습니다. 예전 SNS를 통해 알게 된 한 북카페의 음료 쿠폰이었는데요. 이곳에서는 문학 작품의 1~2 문장을 쿠폰에 새긴 뒤, 음료를 주문할 때마다 하나씩 교정을 해줍니다. 즉, 맞춤법이 틀린 10군데가 포함된 문장을 쿠폰에 새겨놓고 고객이 방문할 때마다 하나씩 수정해주는 것이죠. 그렇게 10곳의 교정을 받으면 1잔의 무료 음료를 받습니다.

이 쿠폰이 강렬하게 기억에 남았던 건 첫째, 북카페의 특성을 잘 살린 쿠폰이라는 점. 둘째, 하나씩 교정을 받으면서 맞춤법 상식이 늘어난다는 점. 셋째, 틀린 곳을 미리 짐작해보고 예상한 부분이 맞는지 주문 시 확인해보는 경험을 선사하고 있다는 점 때문이었습니다. 이 북카페도 통영에서 경험한 그림 도장처럼 주문이 설레는 경험으로 고객에게 다가가지 않았을까요.

종이 쿠폰을 받으면 잃어버리는 경우가 참 많습니다. 그림을 완성할 수 있는 가능성이 희박한 여행객 처지인 저마저도 이 종이 쿠폰은 다이어리에 소중히 보관하고 있습니다. 기억에 강렬하게 남았고, 먼 훗날 언젠가 통영을 또 가게 된다면 두 번째 그림인 '나무'를 꼭 쿠폰에 추가하고 싶습니다. 쿠폰에 담긴 디테일은 쿠폰을 소중하게 보관하는 힘을 만들어내는 것 같기도 하네요.

091
카페퐁

'추억'의 가치를
전하다

'인생네컷' 같은 즉석 사진 서비스가 큰 인기입니다. 친구, 연인, 가족 할 것 없이 즉석 사진으로 추억을 남기는 분이 많아졌습니다. 그래서 번화가나 관광지에 빠지지 않고 보이는 가게가 바로 즉석 사진 스토어입니다. 단적인 예로, 경주의 핫플레이스인 '황리단길'을 간 적이 있었는데요. 한쪽 길가에 즉석 사진 가게가 5개 이상 있을 정도로 즉석 사진의 높은 인기를 실감할 수 있었습니다.

통영에서 방문한 카페퐁은 이 즉석 사진을 재밌게 활용하고 있어서 오래 기억에 남았습니다. 바로 가게 내에 간이 즉석 사진기를 설치해 고객이 즉석 사진을 찍은 뒤 가져갈 수 있도록 한 것입니다.

사용 방법은 간단합니다. 즉석 사진기 화면의 'GET RECEIPT'를 터치하면 사진을 바로 찍을 수 있습니다. 최종 결정을 하면 흑백 사진이 출력됩니다. 비록 화질이 일반 즉석 사진에 미치지는 못하지만 가게 인증샷으로는 충분하지 않나 싶습니다.

이 즉석 사진기는 인기가 많았습니다. 주문을 한 뒤, 고객들은 자연스럽게 사진기 앞으로 다가와 사진을 찍었습니다. 친구, 커플 할 것 없이 많은 고객이 즉석 사진기 앞에서 사진을 남겼죠. 포즈에

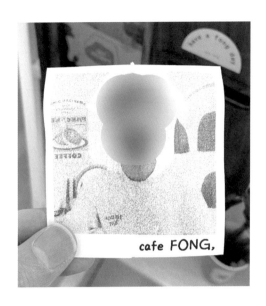

관해 열띤 토론을 벌이며 더 나은 사진을 위해 티격태격하는 모습이
보는 사람마저 즐겁게 만들었습니다.

저에게는 즉석 사진기를 도입한 사장님의 센스가 인상 깊었습
니다. SNS로 인증샷을 남기고 그 인증샷이 가게 홍보가 되는 '인스
타 월드' 속에서 SNS에 올릴 만한 소스를 자연스럽게 제공했기 때문
입니다. 그것도 추억을 즉석 사진으로 남기는 것을 즐기는 MZ세대
를 겨냥하여 그들이 SNS에 올릴 가능성이 '매우 높은' 콘텐츠를 제
공하고 있었죠. 실제로 인스타그램에서 '카페퐁'을 검색해보면 이
즉석 사진을 올린 고객이 다수입니다.

진 블리스는 《마케터의 질문》에서 노벨 경제학상 수상자인 대
니얼 카너먼 교수의 말을 소개합니다. "사람들은 경험을 바탕으로
선택하는 것이 아닙니다. 우리는 경험이 선사한 추억을 가지고 선택

합니다." 추억의 중요성을 강조하며, 고객의 추억을 만드는 일을 기업이 중요하게 여겨야 한다는 의미입니다.

　이 카페는 '추억'의 가치를 이해하고 있었습니다. 이곳을 방문한 사람들은 함께 온 사람과의 즐거운 시간을 사진 한 장으로 기록하고 이를 나중에 추억할 것입니다. 그리고 이 사진을 찍으면서 즐거운 시간을 보냈던 카페를 다시 한번 떠올릴 수 있겠죠. 이 카페가 고객에게 좋은 공간으로 오래 기억될 수 있는 소소하지만 위대한 마케팅을 펼치고 있다는 생각이 듭니다.

폐업한 영업장에서
발견한 가치

디앤디파트먼트 제주는 브랜드에 관심 있는 사람이라면 반드시 들르는 곳입니다. 디앤디파트먼트는 '롱 라이프 디자인'과 '로컬'의 가치를 실현하는 일본 브랜드로서 보편적인 디자인을 지닌 제품과 지역 특색에 맞는 제품을 추천하는 큐레이션으로 많은 고객의 마음을 사로잡았죠. 이제는 더 나아가 식당, 전시 등의 영역으로 확장하며 라이프 스타일 브랜드로서 성장하고 있기도 합니다.

저는 일본을 방문할 때마다 머무르는 지역에 디앤디파트먼트가 있다면 꼭 방문합니다. 이 브랜드가 선보이는 남다른 기획력에 늘 많은 영감을 받고 나오곤 하는데요. 그래서 일본 여행을 계획하는 사람들에게 적극적으로 추천하는 곳이기도 합니다.

그런 브랜드가 서울에 이어 제주에 매장을 열었습니다. 그리고 수많은 인파가 몰리며 단숨에 핫플레이스로 거듭났죠. 제게도 디앤디파트먼트 제주는 꼭 들르고 싶은 곳이었습니다.

디앤디파트먼트 제주를 둘러보며 가장 큰 영감을 받았던 코너는 'USED'와 '리사이클 글라스'였습니다. 폐점한 가게 물건을 디앤디파트먼트가 가져와 수리를 한 뒤 되팔거나(USED), 더 이상 쓰지 않

게 된 업소용으로 만들어진 로고 유리컵이나 맥주잔에 메시지를 프린트해 재판매하는 섹션입니다(리사이클 글라스).

폐점할 때 가게 물건을 정리하는 것은 큰 과업입니다. 아직 쓸 만한 제품이지만 폐점을 위해 버려지거나 창고에 보관되어 잊히는 경우도 많죠. 이런 물건을 바라보는 디앤디파트먼트의 시선은 남달랐습니다. 아직 쓸 만한 물건에 새로운 상품 가치를 부여해 새로운 고객을 만날 수 있도록 연결하는 것을 자신들의 역할로 봤습니다.

그래서 문을 닫은 영업장의 물건을 가져와 보수해서 다시 매대에 올려놓았고, 업소용으로 만들어진 제품은 디앤디파트먼트의 제품으로 거듭나게 됐습니다. 그렇게 버려지거나 잊힐 뻔한 물건이 새로운 주인을 만날 확률이 조금은 더 높아진 셈이죠.

　　디앤디파트먼트는 '전하는 상점'을 모토로 삼았습니다. 유행이나 시대에 좌우되지 않는 보편적인 디자인을 지닌 상품을 찾아내 적극적으로 소개하는 일을 그들의 역할이라 믿습니다. 이를 위해 그들은 다음과 같이 5가지 기준을 세워서 올바른 물건을 찾아내고 있습니다.

1. 알기: 만드는 사람에 관한 이해가 담긴 물건

만드는 사람의 작업장을 방문하고 그들의 생각을 직접 듣습니다. 물건을 만드는 과정과 물건에 관한 소신에 귀를 기울입니다. 만든 사람을 이해하고 생각을 공유하면서 물건을 파는 것이 중요하다고 생각하기 때문입니다. 만든 사람의 생각을 물건을 통해 고객에게 전하면 물건이 더 오래 사랑받을 수 있다고 믿기 때문입니다.

2. 사용하기: 먼저 사용해본 물건

고객에게 물건을 소개하기 전에 우리가 먼저 사용해봅니다. 먼저 써봐야 사용 시 느낌이나 물건의 장점을 고객에게 전할 수 있기 때문입니다. 디자인은 멋있는데 실제 사용하기에는 불편한 경우도 있습니다. 그런 점을 검토하여 제작자에게 전달하고 문제점을 개선할 수 있도록 돕습니다.

3. 되사기: 되사서 다시 팔 수 있을 만한 수명의 물건

물건을 판매하고 5년 정도의 시간이 흐른 뒤, 고객에게 되사서 다시 팔아도 여전히 괜찮을 만한 물건을 선택합니다. 금세 모양이 바뀔 것 같은 물건이나 일부분이 망가지면 몽땅 버려야 하는 물건, 유행에 민감한 물건은 고르지 않습니다.

4. 고치기: 수리해서 계속 사용할 수 있는 물건

가능한 한 수리해서 계속 사용할 수 있는 물건과, 고쳐 사용하는 일의 매력을 고객에게 전하고자 합니다. 수리할 수 없는 물건은 취급하지 않습니다. 수리에 관한 생각과 수리 시스템을 갖추고 있는 제작자의 물건을 고객에게 소개합니다. 망가지면 새것을 사면 된다는 사고방식으로 물건을 선정하지 않습니다.

5. 지속하기: 제작자가 꾸준히 만들 물건

그 제조회사에 스스로의 제품으로서 애정을 가지고 계속 만들고 개선해나갈 의지가 있는지 없는지를 확인합니다. 그 제품을 애용하는 생활자와 똑같은 마음을 제조회사가 가지고 있지 않다면 롱 라이프 디자인이 될 수 없습니다.

이 5가지 기준만 보더라도 그들의 시선과 관점이 얼마나 남다르고 깊은지 느낄 수 있습니다. 제가 디앤디파트먼트 제주에서 본 'USED'와 '리사이클 글라스'는 위 기준 중 '4. 고치기' 기준에 부합한 제품입니다. 고쳐서 사용하는 매력을 고객에게 전하기 위해 폐점한 영업장의 물건이 가게 매대에 올라오게 된 것이죠.

디앤디파트먼트는 사람들이 기증한 종이백에 디앤디파트먼트 테이프를 부착해서 쇼핑백으로 재활용하고 있습니다. 환경을 위한 멋진 시도인데요. 브랜드에 힘이 실리자 디앤디파트먼트를 상징하는 테이프만으로도 평범한 종이백이 감각 있는 디앤디파트먼트 종이 쇼핑백으로 탈바꿈했습니다. 심지어 아까워서 버리지 못하겠다는 사람마저 있을 정도죠.

'USED'와 '리사이클 글라스'도 마찬가지입니다. 버려지는 물건에 그칠 수 있었지만 디앤디파트먼트 로고가 붙는 순간 '있어 보이는' 제품으로 바뀌었습니다. 브랜드 파워가 있는 브랜드가 선한 영향력을 미칠 수 있는 방법을 다시 한번 생각해보게 됩니다. 그리고 그 선한 영향력은 브랜드의 코어인 철학과 신념이 단단해야 나올 수 있다는 것도 다시 느끼게 됩니다.

093

캐나다 포스트

우체국에
피팅룸이 있는 이유

마케팅 관련 블로그를 살펴보다 흥미로운 게시물을 발견했습니다. 캐나다에 위치한 우체국 내부를 찍은 사진이었는데요. 신기하게도 이 우체국 안에는 '피팅룸'이 있었습니다. '옷가게도 아닌 우체국에 왜 피팅룸이 있을까'라고 생각하면서 고개를 갸우뚱하고 있을 때 블로그에 적힌 설명에 무릎을 쳤습니다. 온라인 쇼핑을 통해 주문한 옷을 우체국에서 수령한 뒤 입어보고 마음에 들지 않으면 바로 반품 처리를 할 수 있도록 우체국 안에 피팅룸을 설치해둔 것이었습니다.

　인터넷 쇼핑은 직접 입어볼 수 없기 때문에 사이즈를 잘못 고르는 일이 잦습니다. 게다가 택배 배송 시스템이 한국만큼 발전하지

265

않은 외국에서는 우체국에서 직접 택배를 수령하는 고객도 많을 것입니다. 그런 고객이 집에 가서 옷을 입어보고, 다시 우체국으로 와서 반품을 하는 복잡한 절차를 '피팅룸' 하나로 해결했습니다. 바로 입어보고 즉시 반품을 결정해서 보낼 수 있죠. 우체국이 보낼 물건을 받고 택배를 전달하는 것에 그친 것이 아니라 택배를 이용하는 고객 니즈를 세심하게 살펴본 점이 인상 깊은 사례였습니다.

더 찾아보니, 캐나다 우체국은 고객을 위한 다양한 서비스를 제공하고 있었습니다. 차에서 직접 소포를 받을 수 있는 드라이브 스루, 영업시간이 끝난 후에도 소포 접수를 할 수 있는 키오스크, 우표와 봉투 등을 창구 직원을 거치지 않고 구매할 수 있는 자동판매기까지. 전통 산업이 비교적 신흥 산업이라 할 수 있는 온라인 커머스 산업에 대비해 체질 개선에 집중하고 있는 점이 흥미로웠습니다.

일본의 유명 디자이너 하라 켄야는 "도구가 진화하면 사람의 욕망과 크리에이티브도 진화한다"라고 말했습니다. 온라인 쇼핑이 일상에 자리 잡으며 고객의 욕망 역시 진화했습니다. 그리고 캐나다 우체국은 고객의 진화한 욕망에 부응하기 위해 진지하게 고민한 결과 '우체국 피팅룸'을 제공했습니다. 전통 산업이 고객의 진화된 욕망에 얼마나 기민하게 대응할 수 있는지 참고할 수 있는 좋은 사례가 아닐까요.

코를 풀면 코 주변이 헐거나 빨개지는 일반 휴지

비염이 심하거나 코감기에 걸린 분이라면 '콧물'의 고통에 깊게 공감할 것입니다. 주체할 수 없을 정도로 흐르는 콧물 때문에 하루 종일 코를 풀어야 하죠. 이때 일반 휴지를 쓰면 어느새 코 주변이 헐고 붉어집니다.

이런 불편을 겪는 고객을 위해 크리넥스는 독특한 상품을 출시했습니다. 바로 '콧물 전용 물티슈'입니다. 말 그대로 코를 풀 때 사용하면 좋은 물티슈라는 의미입니다. 이 물티슈는 일반 물티슈와 달리 식염수가 사용되어 잦은 마찰로 상처 입은 피부를 진정시켜줍니다. 또한 식물성 글리세린과 판테놀 성분이 들어가 있어 피부를 부드럽고 촉촉하게 유지해주기도 하죠. 게다가 비염에 좋다는 줄작두콩 추출물도 함유되어 있어 비염 증상을 완화해주기도 합니다. 콧물로 고생하는 비염인에게는 '빛'과 같은 제품이라 할 수 있죠.

사실 이 제품은 일반 물티슈와 같이 대중적 소비자를 커버하는 제품은 아닙니다. '콧물 전용' 물티슈이기 때문에 타깃 고객은 제한될 수 있습니다. 하지만 유한킴벌리에서는 소수의 고객이 겪는 불편까지 해소하기 위해 제품을 개발하고 출시했습니다. 그 결과 콧물로

고생하던 많은 고객의 불편을 덜어주었습니다. 많지 않은 고객이라도 그들의 불편을 들여다보고 개선하기 위해 애쓰는 브랜드가 있다면 자연스럽게 호감이 생깁니다.

매일유업의 분유 브랜드 '앱솔루트'는 특수 상황에 처한 아이를 위한 특수 분유를 국내에서 유일하게 개발해 판매하고 있습니다. 유당 소화가 어려운 아기를 위한 분유(앱솔루트 유당불내증), 미숙아와 저체중아를 위한 분유(앱솔루트 프리미), 인 함량을 조절한 분유(앱솔루트 엘피), 선천성 대사질환자 아기를 위한 분유(앱솔루트 유시디-1 포뮬러) 등 10여 가지가 넘는 특수 분유를 개발하고 판매하고 있죠.

특수 분유로 수익을 내기란 사실상 불가능합니다. 제품의 수요가 일반 분유보다 적기 때문입니다. 일명 '돈 안 되는 제품'인 것이죠. 그럼에도 매일유업이 특수 분유를 꾸준히 개발해 판매하는 이유는 낙농보국(유제품을 통해 국민의 건강한 삶을 만든다)이라는 창업 이념에서 찾을 수 있습니다. 매일유업은 특수한 상황에 처한 아이의 숫자가 적더라도 한국의 국민이므로 소외되지 않고 건강하게 자랄 수 있도록 특수 분유를 생산하고 있습니다. 회사에 돈을 벌어다 주는 제품은 아니지만 자신들이 꼭 해야 하는 일이라고 정의한 채 20년 동안 특수 분유 개발에 꾸준히 투자하고 있기도 합니다.

만약 매일유업이 특수 분유를 개발하지 않거나 판매하지 않는다면, 아이들의 부모님은 외국에서 판매하는 특수 분유를 사용할 수밖에 없습니다. 그러면 가계 부담은 이루 말할 수 없죠. 몇 배 이상 비싼 가격으로 아이의 분유를 마련해야 합니다. 그래서 특수 분유를 구매하는 고객들은 매일유업 이야기가 나오면 적극적으로 매일유업의 미담을 소개합니다. 벤처 기업 투자가 폴 그레이엄이 남긴 유명한 명언이 떠오릅니다.

"당신의 서비스를 사랑하는 사용자 100명이 당신의 서비스를 좋아하는 100만 명의 사용자보다 낫다."

유한킴벌리의 콧물 전용 물티슈와 매일유업의 특수 분유 모두 소수인 100명의 고객에게 '사랑받는' 제품이라 할 수 있습니다. 100만 명 규모의 '좋아하는' 제품이 되는 것은 어려울 수 있지만, 수많은 물티슈 중 콧물전용 물티슈를 기억하고, 수많은 분유 중 특수 분유를 브랜드와 함께 기억하는 경험은 '사랑받는' 제품만이 가질 수 있는 특권이 아닐까 싶습니다. 좋아하는 것보다 사랑하는 고객을 더 많이 만들어야 하는 이유가 여기에 있다고 생각하고요.

내가 골라서 만드는
나만의 꽃다발

연남동에서 아이디어가 빛난 꽃집을 발견했습니다. 이곳의 특징은 꽃이 통에 종류별로 담긴 채 손님을 맞이하고 있다는 점이었습니다. 특이하다 싶어서 구경을 하던 찰나 한 가지 특이한 사실을 알게 되었습니다. 이 중에서 원하는 꽃을 골라 '나만의 꽃다발'을 만들 수 있다는 점이었습니다.

　보통 꽃집을 가면 이미 만들어져 있는 꽃다발 중 원하는 것을 고르거나 직원에게 '예쁘게 잘 만들어주세요'라고 말하고 그치는 경

우가 많습니다. 하지만 이곳에서는 고객이 원하는 꽃을 골라 직접 꽃다발을 만들 수 있었습니다. 게다가 꽃 이름과 한 줄기당 가격도 나와 있어서 "이건 무슨 꽃이에요?", "이건 얼마예요?"라고 물어볼 필요도 전혀 없었죠. 마치 레고를 조립하는 것처럼 내가 원하는 꽃다발을 만들고 구매할 수 있고, 꽃 이름과 가격도 명확하게 알 수 있어서 좋았습니다. 재미있는 콘셉트와 고객을 위한 배려가 돋보이는 이 꽃집에 손님이 몰리는 건 어찌 보면 당연한 것이 아닐까 하는 생각이 들었습니다.

한 가지 추가되면 좋겠다고 생각한 아이디어는 '꽃말'이었습니다. 꽃이 꽂혀 있는 통마다 꽃말도 함께 적는다면 어떤 의미를 담아 꽃다발을 만들었는지 스토리텔링을 담을 수 있지 않을까요. "이런 의미를 꽃다발에 담아봤어!"라고 꽃을 받는 이에게 말할 수 있게 되는 것이죠. 그럼 분명 꽃다발을 매개로 더 돈독한 관계가 될 수 있으리라 조심스럽게 생각해봅니다.

096

프레시 매니저의
단골 케어법

버스 정류장에서 버스를 기다리고 있었습니다. 버스 정류장 뒤에는 우리에게 '야쿠르트 아주머니'로 친숙한 '프레시 매니저'가 전동카트를 세워둔 채로 서 있었습니다. 프레시 매니저와 전동카트 옆에 놓인 이것에 눈길이 갔습니다. 바로 프레시 매니저가 준비해둔 '의자'였습니다. 의자 뒤에는 '야쿠르트'라고 적혀 있었습니다. 프레시 매니저가 개인적으로 준비한 의자라는 의미입니다. 프레시 매니저는 이곳에서 꽤 오래 판매를 했는지 지나가는 단골과 인사 나누는 모습이 자연스러워 보였습니다.

"여기 의자에 잠깐 쉬었다 가셔!"

그 말을 들은 단골들은 신기하게도 이 의자에 앉아 잠시 쉬었다 갔습니다. 그리고는 이렇게 말했죠.

"요구르트 하나 줘봐."

프레시 매니저는 단골의 취향을 이미 파악하고 있는 듯 원하는 제품을 전동카트에서 꺼내주며 단골과 수다를 시작했습니다.

버스를 기다리는 단골에게도 이 의자는 요긴해 보였습니다. 그 버스 정류장에는 벤치가 없었는데요. 프레시 매니저가 챙겨온 의자

는 오래 서 있기 힘든 단골 어르신 손님이 버스를 기다리며 잠깐 앉을 수 있는 공간이 되었습니다. 의자에 앉아 있다가 버스가 다가오자 손님이 "나 갈게" 하고 일어나면 프레시 매니저가 "조심히 가셔"라는 대답으로 배웅했죠.

손님이 잠깐 쉴 수 있는 곳, 음료를 앉아서 마실 수 있는 곳, 버스를 기다리면서 잠시 쉴 수 있는 곳이 단 1개의 의자로 만들어지고 있는 점이 흥미로웠습니다. 단골손님을 대하는 프레시 매니저의 따뜻함도 함께 느껴졌고요.

스포츠웨어 브랜드 '룰루레몬'의 전 세계 매장 입구에는 "친구가 돈보다 더 중요하다(Friends are more important than money)"라는 문구가 적혀 있습니다. 사람의 관계만큼 중요한 것은 없다는 의미입니다. 제가 길에서 마주친 프레시 매니저는 '친구⁽단골⁾'와의 관계를 매우 중요하게 생각했습니다. 음료를 구매하지 않아도 잠깐 쉬어갈 수 있도록, 혹 구매했다면 편하게 마실 수 있도록 무엇을 해줄 수 있을까 한참 고민했을 것입니다. 고민 끝에 마련한 의자가 단골과 프레시 매니저를 더 끈끈하게 만들었습니다.

세면대 옆에
걸어주세요

백화점이나 아웃렛 같은 쇼핑몰에서 화장실을 이용할 때 불편한 점
이 있습니다. 손을 씻기 위해 갖고 있는 짐이나 외투 등을 잠시 내려
놓아야 하는데 세면대 주변에는 물기가 많아 내려놓기 어렵다는 점
입니다. 그래서 한쪽 손씩 번갈아 씻거나, 가끔은 보기 흉하더라도
물건을 다리 사이에 끼운 채로 손을 씻곤 했는데요. 롯데 프리미엄
아웃렛 이천점에서는 그럴 필요가 없었습니다. 화장실 세면대 주변
에는 늘 이것이 있기 때문인데요. 바로 옷이나 가방을 걸어둘 수 있
는 '다용도 걸이'였습니다.

이 다용도 걸이 덕분에 짐이나 옷을 걸어둔 채 편하게 손을 씻
을 수 있었습니다. 물이 묻은 손을 잘 말린 채 짐이나 옷을 다시 집을
수 있었죠. 특히 쇼핑몰 같은 곳에서는 물건을 구매해서 종이 쇼핑
백에 들고 다니는 경우가 많아서 이 다용도 걸이의 편리한 기능이 더
크게 와닿기도 했습니다.

이 디테일이 도입된 화장실이 이미 적지 않을 것 같습니다. 그
럼에도 다용도 걸이를 소개하는 이유는 더 많은 화장실에 도입되도
록 알리고 싶었기 때문입니다. 이 디테일은 쇼핑몰 화장실뿐만 아니

라 두 손에 자유가 필요한 모든 화장실 세면대에서 유용합니다. 큰 비용을 들이지 않고도, 넓은 공간을 할애하지 않고도, 다용도 걸이 하나만 걸어놓으면 고객이 배려심을 느낄 수 있는 일명 '치트키'라는 생각이 듭니다. 오늘, 고객이 사용하는 화장실 세면대 옆에 다용도 걸이를 붙여보는 건 어떨까요. 모든 화장실에 쉽게 접목할 수 있는 디테일입니다.

098

환경을 생각하는 컵홀더

노아스 로스팅
(롯데월드 월드타워점)

소비를 할 때 환경에 점점 더 민감해지다 보니 일상에서 이미 자리 잡은 물건일지라도 환경을 위해 개선할 수 있는 포인트를 생각해보게 됩니다. 제게는 카페에서 사용하는 '컵홀더'가 그랬습니다. 물론 종이라서 플라스틱 사용에 비해 죄책감이 조금은 덜합니다. 그럼에도 불구하고 종이 사용을 조금 더 줄여볼 수는 없을까 상상을 해보곤 했습니다.

그리고 그 상상의 결과물을 한 카페에서 만났습니다. 이 카페의 컵홀더는 살짝 특이한 모양인데요. 컵홀더를 양옆으로 잡아당기면 쭉 늘어나는 구조로 되어 있어, 일반적인 컵홀더의 3분의 2 길이만큼으로도 기존 컵홀더 역할을 톡톡히 해내고 있었습니다.

컵홀더의 역할은 뜨거운 음료를 잡을 때 덜 뜨겁게 하거나, 차가운 음료를 마실 때 물방울이 손에 묻지 않도록 하기 위함입니다. 이 카페에서 만난 컵홀더는 기존의 역할을 충실히 소화하면서도, 컵홀더를 벌집 구조로 만들어 기존 컵홀더보다 종이 소비를 확연히 줄였습니다.

인터넷에 찾아보니 이런 구조의 컵홀더는 '에코홀더', '벌집홀더'라는 이름으로 불리고 있었습니다. 친환경 컵홀더로 주목받고 있으며, 많은 카페 사장님이 환경을 위해 이 컵홀더를 사용하고 있다고 합니다. 이 컵홀더를 사용하는 한 카페에는 이런 리뷰가 있었습니다.

"환경을 생각하는 컵홀더 아이디어 좋네요."
"컵홀더가 예뻐서 사진 찍었어요."
"컵홀더가 독특해서 오래 기억될 것 같아요."

사소한 컵홀더 하나가 고객의 마음을 사로잡을 수 있다는 사실을 새삼 알 수 있었습니다. 컵홀더를 '벌집 구조'로 생각해본 시도로 환경까지 챙길 수 있다는 것이 재미있게 느껴졌습니다.

자주 누르는 엘리베이터 버튼은 더 편리하게

엘리베이터를 탄 뒤 버튼을 누를 때 불편함을 느낀 적 없으신가요. 저는 자주 불편한 점이 있는데요. 바로 '층수 버튼을 빠르게 찾기 힘들다'라는 것입니다. 엘리베이터 버튼은 숫자 순서대로 쭉 나열되어 있습니다. 원하는 층수의 버튼을 찾기 위해서는 눈으로 숫자를 쭉 따라간 뒤 버튼을 눌러야 하죠. 그래서 내가 원하는 층수 버튼을 찾기 위해 버튼 판을 쭉 훑어봐야 하는 경우가 많습니다.

특히 1층 버튼은 많은 사람이 자주 찾고 누르는 인기 버튼입니다. 하지만 1층 버튼이 고층과 지하층 사이에 끼인 채 다른 층수의 버튼과 동일하게 디자인된 경우가 많아 찾기 어렵다고 느낄 때가 많았습니다.

역삼역에 위치한 한국지식재산센터 빌딩에서는 '1층' 버튼을 누르는 것이 쉽고 간편했습니다. 바로 다른 층수의 버튼과 분리되어 있는 것은 물론 버튼 크기도 다른 층수의 배 이상으로 컸기 때문입니다.

게임이나 홈페이지도 자주 쓰는 버튼은 크게 보여줍니다. 자주 쓰는 만큼 더 쉽고 편하게 접근할 수 있도록 해주는 것이죠. 엘리베이터에도 자주 쓰는 버튼이 존재합니다. 하지만 자주 쓰는 버튼과

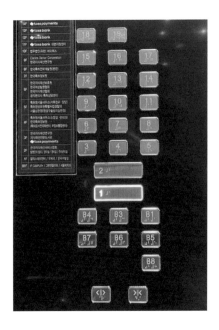

그렇지 않은 버튼 간에 확연한 차이가 보이는 엘리베이터 버튼은 이곳이 처음이었습니다. 엘리베이터 버튼에도 좋은 UX 디자인이 충분히 적용될 수 있는데 현재까지는 엘리베이터 버튼을 너무 당연하게 생각하고 이용했다는 생각이 들었습니다.

스티브 잡스는 "디자인은 어떻게 보이느냐의 문제가 아니라 어떻게 기능하느냐의 문제다"라는 유명한 말을 남겼습니다. 누군가는 이 엘리베이터 버튼이 다소 못생겼다고 느낄 수 있습니다. 버튼 크기와 위치를 일관성 있게 유지하고 나열했다면 '보기에는' 더 깔끔했을 것입니다.

제가 발견한 엘리베이터 버튼은 보이는 것보다 기능을 더 중요하게 만들었습니다. 이 엘리베이터에서는 자세히 들여다보지 않고도 1층 버튼을 누를 수 있었습니다. 큰 버튼 중 가장 아래를 누르면 된다고 인지했기 때문에 탑승하자마자 거침없이 바로 1층 버튼을 누를 수 있었죠. '1층' 버튼이 어디 있는지 탈 때마다 주의 깊게 찾아봐야 하는 다른 엘리베이터와 비교되는 친절한 엘리베이터였습니다.

이 건전지 사이즈가
뭐였지?

USB 단자로 충전할 수 있는 전자기기가 많아지면서 건전지를 사용하는 일이 많이 줄었습니다. 하지만 여전히 건전지를 사용하는 전자기기가 부피와 가격 측면에서 충전식 전자기기보다 효율적인 경우가 있습니다. 제가 사용 중인 탁상용 시계도 건전지를 사용합니다. 건전지 중에서도 코인형 건전지를 사용하죠. 부피가 작은 코인형 건전지는 제가 선호하는 얇은 디자인을 지닌 시계가 설계되는 데에 기여했을 것입니다.

시계의 코인 건전지가 수명을 다해 마트에 들렀습니다. 그리고 그곳에서 만난 한 브랜드의 코인 건전지 패키지의 2가지 디테일이 제 눈길을 끌었습니다. 하나는 '사이즈 체커'였고, 다른 하나는 '어린이 보호 포장'이었습니다.

가끔 그럴 때 있지 않나요. 코인 전지 규격을 몰라서 다 쓴 건전지를 들고 가 가게 직원분께 건네며 '이 건전지 혹시 있나요'라고 물어보는 경우 말이죠. 간혹 규격이 적혀 있지 않은 코인 전지를 마주하면 당황스럽기 마련입니다.

이 패키지를 이용하면 걱정을 내려놓을 수 있습니다. 패키지에

있는 '사이즈 체커' 홀에 가져온 코인 전지를 넣어 사이즈를 확인하면 됩니다. 코인 전지의 경우 '두께'로 규격이 나뉘어 있기 때문에 홀에 맞게 들어간다면 같은 규격의 전지입니다. 전지 규격을 몰라 고민하는 고객을 위한 섬세한 디테일이라는 생각이 들었습니다.

　이 제품에는 한 가지 디테일이 더 있습니다. 바로 '어린이 보호 포장'인데요. 코인 전지는 크기가 작고 얇다 보니 아이들이 건전지인 줄 모르고 삼키는 경우가 잦다고 합니다. 그래서 이 제품은 '이중 포장'을 도입했습니다. 패키지를 뜯은 뒤 각 전지가 한 번 더 포장되어 있죠. 이 포장은 손으로는 잘 뜯어지지 않으며 가위나 칼을 이용해 잘라야만 열 수 있습니다. 어린 자녀가 있는 부모님 고객을 위한 배려라 할 수 있죠.

　이 건전지 포장은 '구매 전 고객'과 '구매 후 고객' 모두를 살뜰하게 챙겼습니다. 어떤 사이즈의 건전지를 사야 할지 모르는 구매 전 고객을 위해 건전지 사이즈를 확인할 수 있도록 했습니다. 건전지를 구매한 고객의 자녀가 혹시라도 건전지로 피해를 보지 않을까 하는 마음에 어린이 보호 포장을 도입했습니다. 포장 하나로 고객을 배려하는 마음을 느낀 하루였습니다. 그리고 제 장바구니에는 이 브랜드의 제품이 담겼습니다.

101
스포티파이

고객과의 이별도
재치 있게

IT 기획자로 일하다 보니 디지털 서비스에 가입하고 해지하는 일이 일상입니다. 서비스를 '공부'하기 위해 새로 등장한 서비스는 가능하다면 모두 써보려고 하는데요. 그리고 충분히 사용해보고 스터디를 마치면 해지를 한 뒤, 다른 서비스를 찾아 떠납니다.

스포티파이도 그랬습니다. 물론 스포티파이의 놀라운 추천 알고리즘으로 해지를 머뭇거리기도 했지만 음악 서비스만도 여러 개를 사용하고 있어 정리가 불가피했습니다. 눈물을 머금고 해지를 하려는 찰나의 순간, 스포티파이의 재치 있는 디테일을 발견할 수 있었습니다. 바로 스포티파이가 플레이 리스트로 전하는 편지였습니다. 플레이 리스트에 포함된 노래 제목을 이어보면 이렇습니다.

'If you leave us now, You'll take away the biggest part of us(당신이 지금 우리를 떠나간다면, 우리에게 가장 큰 일부를 가져가는 거예요)'

US 록그룹 시카고(Chicago)가 1976년에 발표한 'If You Leave Me Now' 곡의 가사이기도 한 이 문장을 여러 노래 타이틀을 이어

285

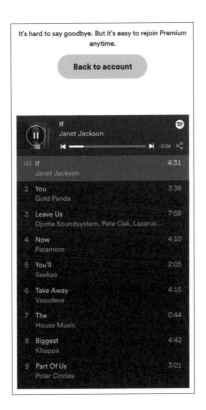

It's hard to say goodbye. But it's easy to rejoin Premium
anytime.

Back to account

If Janet Jackson		
If Janet Jackson	4:31
2 You Gold Panda	3:36
3 Leave Us Djuma Soundsystem, Pete Oak, Lazarus...	7:58
4 Now Paramore	4:10
5 You'll Seekae	2:05
6 Take Away Vasudeva	4:15
7 The House Music	0:44
8 Biggest Khappa	4:42
9 Part Of Us Polar Circles	3:01

서 완성하는 재치를 선보였습니다. 우리에게서 떠나지 말아달라는
의미를 잘 전달하면서 말이죠.

저는 이 디테일을 보며 서비스 특성을 '이별의 순간'에 잘 이식
하는 것도 기획의 디테일이 될 수 있다는 생각이 들었습니다. 스포
티파이가 음악 서비스답게 고객과의 이별도 음악으로 풀어낸 것처
럼 말이죠. 예를 들면, 넷플릭스를 해지하려 할 때 넷플릭스 작품 중
'이별로 슬퍼하는 장면'만을 모아 보여주는 건 어떨까요. 내가 봤던
작품이 포함된다면 반가운 마음이 들 것이고, '이별의 슬픔'을 전하

는 넷플릭스의 모습이 상상되어 살짝 슬프다가도, 나를 붙잡기 위해 애쓰는 모습에 피식 웃고 넘어갈 수도 있을 것입니다. 이별을 하더라도 서비스의 특성을 살려 좋은 인상을 남길 수 있는 것이죠.

첫인상 못지않게 '마지막 인상'도 중요합니다. 모든 서비스는 고객과의 '마지막'을 준비해야 합니다. 상품 해지나 서비스 탈퇴 등은 서비스에 꼭 필요한 기능이기 때문이죠. 그럴 때 서비스 특성을 잘 살려 멋진 '마지막 인상'을 남기면 좋겠습니다. '끝날 때까지 끝난 것이 아니다'라는 스포츠 명언이 브랜딩에도 똑같이 적용될 수 있지 않을까요.

지금까지 제 《디테일의 발견》에 동행해주셔서 감사합니다.
독자 여러분의 공간, 제품, 서비스가 고객을 사로잡는 일에
이 책이 조금이나마 도움이 되었으면 좋겠습니다.
긴 글 읽어주셔서 감사합니다.